Stock Investing: Principles and Practice

股票投資原理與實作

王睦舜 著

五南圖書出版公司 印行

序

　　目前書市之中談論投資股票的書籍非常多，因此我要出版一本談股票投資的專書是很冒險的。傳統投資學的教科書，將艱澀難懂的學理帶入，使初學者難窺其堂奧又直呼與操作實務差距很大，或是某些學術理論是從心理學或經濟學角度出發，討論投資人的行為，這些理論對操盤技巧似乎有所幫助，又感覺毫無助益。我投資股市三十多年，協助許多青年創業成家，但仍有許多青年需要我在投資理財上的引導，只是身為投資學專業教授，又曾擔任財金系主任多年，要寫一本成功的投資經驗之書，這點我確實感到相當為難。離開學術理論的投資股票書本我是不會看的，在這種觀點下，又能如何寫一本沒有學術理論的專書，而其中都是自己的經驗，再叫社會青年學習？然而社會上許多沒有學術理論的專書，因為偏重經驗談或是只將一些大家可見諸於網路上的文章轉譯後發行，對真正想靠投資理財斜槓人生者，除了產生錯覺之外，更可能因為錯誤的邏輯，有招致慘賠的風險。

　　例如曾經看到有專家在電視機前面拿著利率走勢圖與金價走勢圖來對比，找出利率走跌時金價會走揚的對照圖，這種觀點是不正確的。學術研究上有所謂條件異質性自我相關迴歸 (ARCH)，簡單地說，個別價格的波動在時間上常常是自我前後期影響的，這個觀念不難理解，因為市場均衡常常是每天清結的，當日收盤價若與預期相差過低，次日開盤有可能就會以較高價格開出，而個別價格走勢的長期自我相關，會不會受

到其他金融商品價格的影響？若以長期時間序列來看，這種關係一般被稱之為共整合或協整，一個金融資產的影響因素與另一個金融資產的影響因素在系統內是個別的，有沒有共通性？也就是所謂的系統性風險？很需要條件上的認定，也許在某時點上是有共整合的，但某時點上又相當發散，學習投資的人不應該武斷地認為利率與金價是有關的，這樣會造成常常判斷錯誤，卻不知道錯在哪裡。

Verheyden 等人 (2016) 指出基本面的成長前景與訊息價值主導了公司股價的可能方向，而技術面上的價格動能與流動性對其價格的掌握提出了判斷的指標。可是這兩者又都包覆在投資人自身的情緒之下，他們不是過度自信就是沒有自信，而過度自信或沒有自信的原因是因為市場交易者的組成太複雜，且其進場交易的目的是不能衡量的，因為他們不會有堅持長期或短期操作的使命，常常是有賺就跑或是有極大的耐性面對長期虧損，這在學理上被稱為「出盈保虧」或處置效果。投資計畫的制定常常是市場擇時的，可是投資人的脆弱總是在時機過去之後才想要進場交易，所謂擦鞋童理論，無非是市場行情最熱時，連擦鞋童隨便交易或隨便談明牌都能比專家還更會獲利。

作為對股票交易長期不敗而能久存的投資人，其初學工作應該是培養對股價資訊的敏感度，而這並不容易，但千里之行始於足下，一位善於交易的投資人，能夠賺到快錢的關鍵因素是如何從股價同步運動來找到在某個時機與時段中操作某些動能股票以求獲利。自從 Roll 在 1988 年提出股價同步運動的觀念，也就是 R 平方值以來，非常多學術專文討論影響股價同步運動的因素，而這些學理有助於投資人尋找可以投資個別股

票的時機與時段，這是我很認真地想要介紹給有志於操盤者應有的選股邏輯。

同樣地，本書所提到的動能、內線消息的到達、公司特有風險波動度、市場微結構與市場流動性，都是近十多年來學術界所討論但實務界並不討論的部分，這種學理與市場之間的差距確實是很奇怪的現象。股票投資本來就是經過長期觀察，將尋找標的股票的工作內化為直覺。這就像你對子女下一刻的行為瞭若指掌，所以任何技術分析或基本分析都是在培養交易的敏感度，越能認清什麼訊息對什麼股票、產業或市場有所影響，交易越可能成功。

市場投資人最大的難題是自己到底要扮演什麼角色？是套利者？雜訊交易者？搶帽客？還是真能面對資產波動完全不予理會的長期投資者？也許搞清楚自己如何對自己定位，才不會在股票市場中患得患失。資產價格的高波動往往考驗的是人存在的意義，許多人投資失利後可是走上自裁的道路，因此我始終認為股市是邪惡的、是詐欺的、是殺人不用武器的，所以我偏向於在股市交易之中，是學習如何用策略去獲取最終勝利的，最重要的是能在股市中持續長久生存，其次是絕對不要以為股市是慈善的、長期下來可以獲利的。不要忘了台股大空頭期間的資產價格暴跌，不要忘了金融市場上的泡沫化語詞，如果沒有發生過家破人亡的慘劇，也就不會有這些學術討論了。

可是若說股票投資是短線交易我也並不同意，股票交易本身就是一種策略，像是在賭桌上打麻將，思考要怎麼碰牌與理牌，並不是每次下注都會賠錢，但若是像無本當沖那樣，想要持續不斷地買賣而保持獲利，這也不可能。賭徒謬誤告訴我

們在每次買進就上漲的高機率之後若再下一次押注,會贏的可能性很低,可是許多投資人的慘賠就是在大漲之後還以為會持續上漲,結果就是留不住獲利而反倒賠錢,但若是實現獲利之後,要怎麼換股?且所換之股能提高投資組合的勝率嗎?這就是我出版本書的動機之二。

另一種快手謬誤同樣困擾投資人,於是也成為我想要教導投資人的動機。當股價陷入盤整期間,你怎麼出手購買都不會獲利,且每次買進都是下跌作收時,一旦股價因內線資訊而發動多頭攻勢時,有可能因為長期賠多賺少,致使你在有所獲利的相對高點便將股票砍光,也許後面大漲數倍你都無力再去追回。你以為每次出手都不利,所以保持著攤平減損的想法,卻沒料到股價突然大漲時,是要先獲利出場還是持續抱住?因為不知道有快手謬誤的理論,心癢癢想先賣出再說,反而股價飆到你不敢想像的價位。當然快手謬誤也泛指股價持續運動向上,你就是不賣,直到跌回買進價時才後悔當時沒有快出。如何發現動能形構的股票?如何發現樂透型股票?如何發現吹牛的投機股,本書也援引目前學術理論文獻來協助投資人成熟分辨,達到操作如神的境界。

金融資訊環境錯綜複雜,成功操作之學不只是要看股價的技術面,亦要看其他資產的外溢效果、傳染病效果或過度評價的效應,或是政策制定過程的深遠影響。所以每天的交易決策基本上是摸石子過河的,金融市場所扮演的角色便是作為訊息的彙整者與生產者,經由交易,讓交易的參與者可以在頻繁交易的活動中令彼此的投機交易具體而微地形成股價變動後的技術線型 (Grossman & Stiglitz, 1980; Glosten & Milgrom, 1985;

Kyle, 1985)，市場具體而不尋常的能力就是因應新訊息而給予新的評價，並且可根據交易動向與頻率來精準預測股價的動向。所以 Roll (1984) 認為就像是柑橘的買賣，老練的收購者會根據柑橘未來的可能收成來判斷其收成時的天氣條件以決定目前要收購的出價，因此價格是公眾對天氣預期的結果，但柑橘的生產者仍握有對柑橘成長狀況的真實私有資訊。

管理者會視股價的表現為一種訊息，市場投資人對公司前景的立場，而收盤價意味著許多不同參與者對公司所有資訊的加總後的評價，這些參與者在沒有任何訊息交換的管道下，透過不斷地交易來判斷資訊的價值，因此股價常常是反應市場投資人掌握了但管理者們還沒有掌握的資訊 (Chen, Goldestein & Jiang, 2006)。訊息會指導公司管理者做決策，像是投資、資本支出、現金增資決策也有一些涉險決策，如企業對外購併、非審慎規劃下的研發支出等等。

學習股票投資又需要從動能切入，從股價波動研判是否符合「高、新、專」的要求，也就是「高業績成長」、「新事業發展」與「專業經營團隊」，這一些也就養成不要看、不要聽新聞、不要從媒體找明牌的習慣，解決方案是多參加各種研討會或產業展覽會，而不只是看有哪些產業趨勢的文章。凡是僵固在以訊息作為投資與否的行為，都是忘記了傳送訊息者的意圖，那就上了他人養、套、殺的當。此時如何從認錯與賠損中脫出，不要處在套牢，以至於有找到符合「高，新、專」標準的股票，卻轉換不成，而理論基礎可以讓你勇敢地轉換並且搭配策略來增加勝率，減少換股又換錯的疑慮。

短線套利的基本操作要訣是現金為王的，一切以保持現

金流量為目標。套利交易者講究保有高比例現金資產，順勢理財。如曹操起兵於黃巾之亂，曹操若沒有保留大量現金資產，或採取資產組合的方式同時持有多個地方土地，若僅僅在長安持有大量房產，則碰到大災來臨，根本無法抽出資產加以變賣以換成軍隊支出。台北自 2019 年 2 月底永福樓收攤後，2020 年 2 月底欣葉餐廳在 101 大樓的食藝軒也熄燈結束。世事難料，若曾經有過卻會消失，就不用再舉證長期投資可以賺到多少利益。股價同步運動與個股報酬變異的理論都教導我們如何有體系地累積經驗，如發生新冠疫情或重大腸病毒時該買什麼股票，這種經驗除了自修外仍需傳承。如川普當選總統必然會升息以出清房屋資產，則鋼鐵股必大漲，或是台灣推風力發電致世紀鋼股價大漲五倍以上，趁勢理財需先累積前人經驗。長期投資絕意於股市之外，根本不會有人告訴你經驗。我早在三十年前出第一本股票投資書的時候便表示要長期觀察股市，培養敏感度很重要。

感謝五南圖書編輯團隊、老友張毓芬副總編輯與同仁的協助、王俐文副總編輯的鼓勵與贈書，感謝長期以來參加股神軍的同袍們支持，感謝林玲圓教授、方豪教授、俞海琴教授、楊曉文教授，感謝林基煌、于卓民、康榮寶、洪榮華、廖四郎、謝劍平特聘教授，感謝世紀鋼賴俊成、台灣高鐵李法琳、國票金，感謝我的恩師魏啓林教授，感謝幾個集團大老闆，感謝開南大學校長林玥秀博士，感謝我妻我兒，更獻給恩師陳隆麒、汪義育、沈中華和大穎陳家、連家（炯文、俊憲，看到書要來找我）。

目　錄

圖　次

表　次

第一章

股神的修煉

第一節　克服過度自信

　　如果你很會操作但老是績效不理想，那你與那些只會瞎做而沒邏輯可言的人大不同，他們是鴨子，你是雷。雷只差毀滅的光劍，但鴨子是什麼都不懂。股票的價格常常會與其基本價值脫離而不協調，像「新發行上市後之謎」(new issues puzzle)，Lyandres 等人 (2007) 認為股票上市後幾年，公司的股價表現將不如預期 (Ritter, 1991; Loughran & Ritter, 1995; Spiess & Affleck-Graves, 1995; 1999)，有些人認為上市後長期股價表現不佳，可能是遇到上市熱潮，在那期間，有新上市公司股價都會大漲，於是在長期下，平均報酬會偏低。這種過度自信是一種樂觀描述對外生事件信念的偏誤，以至於高估自己的判斷力而產生價值的誤判。

　　許多新上市公司在上市之前都打著經營績效很好的名號，上市後營運績效卻一落千丈。一般來說，企業勇於上市籌資都是對市場前景具正面樂觀的，可是上市之後股價卻劇烈波動，影響管理者對公司長期價值的估計 (Stigler, 1964)，顯而易見的，管理者的發行新股是有算計的，而市場投資人卻因為樂觀而瞎進場買入，後來股價偏離合理價值，又導致管理者誤以為自己對承銷價格的估算錯誤，可能在後來的決策上犯了自大的錯誤。

　　身處於次級市場交易，大多數市場投資人都是「財務受限」(financial constraint)，也就是因自身財務狀況或其他因素，無法獲得足夠的資金進行投資。由於相對資金不足形成以較高比例金額一次投入，導致遇到虧損時會有設停損點的謬誤

錯覺，在無力進行投資組合之下，容易產生追高殺低且頻繁交易的現象；敢於胡亂追價的原因，又來源於太過確定的資訊，而公開已知的訊息可能早就促成股價產生超額報酬，因此散戶更加以較多資金和較小價差來設法賺取超額報酬，此超額報酬的追求便是過度自信。

但機構投資人固然較少過度自信，尚且以中等規模的方式在次級市場交易，Anand & Chakravarty (2007) 及 Cai, Cai & Keasey (2005) 認為機構投資人的交易行為有低調隱蔽特色 (stealth-trading)，在術語上我們多稱之為「善於布局」，因此，機構投資人的「善於布局」，往往造成一般投資人對股價的合理區間不是過度樂觀，就是只有後見之明。過度自信指的是投資人過度重視訊息甚至忽略了外在環境，他們誤以為握有資訊優勢，但其實股價的波動不僅只是內線消息，在運動的過程中也會受到很多因素影響，使得公司股價未必朝共識方向前進。圖 1 用來解釋一般投資人過度自信的行為，從康那香 (9919) 公司所公告的營業比重來看，它是一家以清潔用品為主要銷售的公司（衛生棉 56.31%、溼巾 21.54%、不織布及其他 14.18%、紙尿褲 7.97%），而從其公告於網站上的最近四季每股盈餘可以得到 -0.07、-0.11、0.16 到 0.38，合理估計其股價在 20 元以下。

康那香公司只有 14.18% 的占比被歸類為口罩製造商，可是從圖 1 的股價走勢與台灣新冠肺炎發生數量統計相比，這個股票的股價先在 1 月 6 號以後連續四天漲停板，但武漢封城是在 1 月 23 日，這滿足了先買先為贏的慾望。其後，3 月中旬開始的整體新冠病毒疫情大幅度增加時，公司生產口罩的個

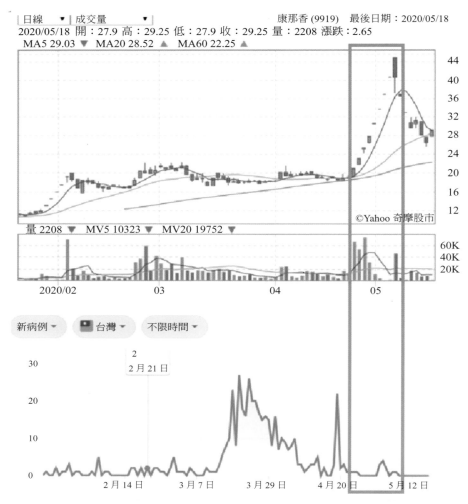

圖 1　康那香股價走勢與新型冠狀病毒疫情發展統計表
資料來源：奇摩股市與衛生福利部。

別資訊居然鈍化，完全不會反應當時口罩很難買得到的困境。可是當台灣的疫情受到控制之後，也許是市場主力已經大量買進，他們預期股價會反應持續發展中的新冠病毒疫情，結果是

疫情受到控制，他們只好設法賣掉。有趣的是到了 5 月 5 號，台灣得病確診人數降到零時，居然還出現股價 44 元、成交量四萬多張的現象，這代表投資人到了這個時刻仍完全無視於股價與公開資訊的關係，真是說明了過度自信這個現象。

　　許多學者認為過度自信是投資人普遍的人格特質 (De Bondt & Thaler, 1995; Odean, 1998; Daniel & Titman, 1999)。因為過度自信，認為未來前景看好的，對公司的未來給予較好的評價，以至於擔心這些公司的股價會漲太快而急著趕快買，忽略了其基本價值，甚至對於基本價值再自動加上一個無法驗證的未來價值，使得面臨股價大幅波動時，並不清楚該認賠還是該再加碼，這都形成了過度自信所產生的弊病。Scott, Stumpp & Xu (2003) 探索先進國家投資人的過度自信，發現日本人處在經濟快速成長期，他們投資人普遍存在過度自信，經濟體的高速成長刺激投資人普遍收到自以為是的私有資訊 (Daniel, Hirshleifer & Subrahmanyam, 1998)，環境促成他們認為股價應給予高估，但精確的資訊傳遞來後發現不如預期時，只有少數投資人會修正其錯誤解讀。

　　一般過度自信的投資人都是相信自己對所持有公司的未來前景非常清楚，因此會忽略不考慮短期價格的向下波動，即使是對壞消息的到達也失去反應力，唯一能解決他們過度自信而忽視價格波動的就是長期存股。例如三立新聞網 2021 年 1 月 17 日報導「婦買 10 張台積電股票！24 年後帳戶驚人」(https://www.setn.com/News.aspx?NewsID=883312)，這則新聞就是非常鮮明的過度自信，從報導上來看，為何一位婦人會在 24 年前只買 10 張台積電？此後就沒有再買入持有？而 2008 年下半

年金融海嘯期間，台積電股價曾跌到每股 38 元左右，既然對台積電有信心為何不再加碼？以及其後 24 年都沒有再買入持有？以 2021 年 1 月 15 日之當日收盤價為 605 元，可賺得 3,400 萬元，則 2023 年 2 月 24 日（寫作之日）市價為 511 元，也就是損失了帳面價值 528 萬元，由於這個婦人 24 年都不會賣出股票，自然這兩年的下跌也不會去賣出股票。這種對台積電充滿信心，完全不管其訊息之好壞而對持有與否重新評價者，顯然是過度自信。

第二節　該出手便出手

Odean (1999) 對市場上頻繁進出的投資人感到好奇，他發現大多數的頻繁交易投資人，在相當長的時間內，所有的總報酬不會超過總交易成本，甚至還會造成鉅額虧損，那為何他們在股票市場上頻繁買賣？許多財務行為的研究，都提出了很多短線操作不宜的理論，如損失厭惡，投資人會急於實現短線上漲幅很快的股票，卻不願意輕易認賠賣掉股票，即便時間上長期橫向整理而沒有市價超過成本的可能，其他如稟賦效應與過度自信。至於較為理性的論點，則是以投資組合的效率前緣、因為避稅而交易與企業生命週期下不同時期現象的持股要調整，來作為交易的動機。

其實我覺得投資人不易短線炒作的理論是因為這些人並沒有替自己建構一套為何短線交易的觀念架構，因此大多數存有賭運氣這種偏差念想 (Daniel, Hirshleifer & Subrahmanyam, 1998)，不甚理解證券交易市場的規律，翟勒 (Thaler, 2016) 的不當行為，講的就是投資人並沒有搞清楚自身的投資病。他

們長期投資的眞實病因是因爲出盈保虧，至於投資學的基本
要求「汰弱留強」那種講究效率前緣的概念就忽視不管了。而
長期投資應當偏好的是低波動度效果 (low volatility effect) 的
股票，但首先要找出是否有長期存在的低波動度股票，Dutt &
Humphery-Jennet (2013) 依波動度區分出十組股票，發現新興
工業國家是存有低波動度的股票，而這種股票與他們的營運績
效高度相關。也就是說，若公司的營運計畫或資本支出，其籌
資來源多半是公司內部資金，則股價波動度會相對較低。

　　波動度效果是指個股報酬在某一段期間內最高與最低價相
對於平均報酬率之間的距離，當波動度效果爲正，則投資人可
以採取順向策略（做多）獲利，此處所謂正面效果在 K 線圖
上就稱之爲陽棒，而高波動度的陽棒就是留有上下影線；同樣
地，若是波動度爲負面效果，那在 K 線圖上爲陰棒，此時做
空可以獲利，上下影線越長則波動度越大，代表當日不管形勢
上是看多或看空，市場上投資人並沒有共識，交易方式相當短
線而雜亂。可是低波動度的股票，其股價有時候也會產生反常
運動，一般這種情況便稱爲「低波動度異常」，而某段時間股
價波幅超過合理範圍之外，便會引發套利者賣出（放空）持股
並進行有限套利，使之回歸常軌。很有名的例子是台灣高鐵公
司的股價波動，事實上，台灣高鐵公司應屬於高度倚靠現金支
撐的公司，本身也不宜從事風險較高的投資或併購，因此其股
價長期應該屬於低波動度效果。

　　當 2018 年 8 月 18 日起台灣高鐵的股價帶量大漲時，任
何一位信仰長期投資的市場投資人都要面對如何迴避買到一個
富含內線消息的股票，且這個股票正引發市場熱潮，在最晚到

2019 年 4 月的時候，股價達到每股 45 元，也就是一年之內的
投資報酬率是百分之百。對於要求每年投資報酬率不超過百分
之十的人來說，早已賺到十年想要的預期獲益了，難道還要長
期投資嗎？那請問基於長期投資理論，還會持續投入資金，墊
高成本並且讓報酬率快速下降，去符合所謂的年必要報酬率百
分之十而持續不斷地長期投資嗎？

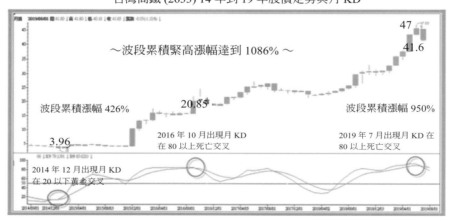

台灣高鐵 (2633) 14 年到 19 年股價走勢與月 KD

圖 2　2018 年 9 月 30 日台灣高鐵股價

資料來源：投資家日報。

　　根據 2019 年 5 月 27 日大陸工程調節台灣高鐵持股的新聞
（圖 3），搭配圖 2 的股價走勢圖，顯而易見的，整個一年都
是大陸工程要處分台灣高鐵股票而有人願意高價買進持有，使
得股價大漲兩倍，如此造成股價報酬率遠大於長期投資十年的
必要報酬率。若你相信長期持有則等於放過一年內獲得十倍報
酬率的機會，卻讓大陸工程得以賺取遠大於十倍以上的報酬率
（他們投資持有超過十年以上，但投資成本應該遠低於十元面

圖 3　大陸工程調節台灣高鐵持股新聞

新聞連結 QR code：「〈欣陸投控展望〉大陸工程調節台灣高鐵
持股　殷琪：屬財務投資適當時機就會處分」（鉅亨網，記者張
欽發，台北，2019-05-27）。

值以下），如此面對股市投資，到底相信長期投資的邏輯在哪
裡？

　　如果對長期投資與短期交易的信仰並不堅定，那對股票投
資的認定就產生了問題。信仰不堅而學習投資就像是拿著球拍
想賭球局一樣，既想當台上觀眾又想當台下球員，其實是充滿
投機味的。我提到這個現象是指市場交易法則的信念便是要順
著每個時期找到對的方向，也就是建立一個有效率前緣的投資
組合建構短打的架勢與掌握長攻的兵器，交互運用。投資的最
大缺失是只有自己，因為不知道別人的真正意圖，錯過了賺錢

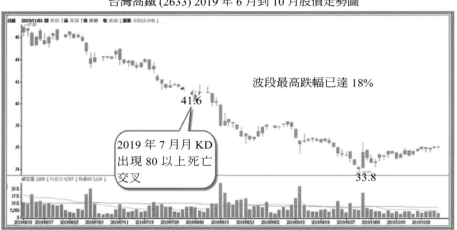

圖 4　台灣高鐵在 2019 年 8 月 25 日的股價走勢圖

資料來源：投資家日報。

的機會。不是誤判而早早下車，就是套牢太久不知如何透過方法解套，關於效率前緣的理論我們稍晚來說。在已開發國家，所有願意去買股價低波動度股票的投資人，其本身傾向於依據已公開揭露的財報資訊對個股評分後去買入持有股票。可是在新興工業國家的投資人卻愛操縱題材，去操弄低波動度公司的股票使之偏離常軌，就套利者來說，股價偏離常軌的低波動度股票，應該存在某些一時發作的私有資訊，可以進行反向交易以賺取無風險利益。

　　股票操作的核心價值就像獵人打獵一樣，我常對學生說：「要獵物在哪裡，槍口就在哪裡。會跑的你看得到，不會跑的你要等到。」而尋找動能股票便是很重要，但也很基本的操作訓練，動能的效果就是常常在極短的時間會有很快的瞬間報酬的股票，無論是急漲或重挫，這時，做多贏家組合與放空輸家

組合便是操作成功的起點。Choe 等人 (1999) 發現南韓投資散戶，會等到外資急拉某些權值股後開始採行相對短線的放空策略，這也是相當聰明的。而 Odean (1999) 也說，美國投資人會追價強勢股而非急著賣出（出盈），會在持有幾週後賣掉持股以實現報酬，但 Chorida, Roll & Subrahmanyan (2000) 卻論述美國股市大多數投資人偏好與趨勢對幹的反向策略 (contrarian strategy)，也就是空頭走勢時反而大買。Lee 等人 (2006) 則認為台灣市場投資人偏好順向操作，多頭時採取動能而空頭時採取反向策略。Grinblatt & Keloharju (2001) 探討芬蘭人的交易特質又與美國人及南韓人不同，他們會持有一些得到正報酬的股票較長時間再一次賣掉，而若是碰上賠錢，在認賠賣出上反而動作遲緩，且寧可套牢一段時間再認賠一部分持股，就沒有獲利時豪爽的賣出股票。

　　儘管像是 ETF 基金或是怕事的政府機構，每年都要花費大筆的廣告費用鼓勵市場投資人長期持有價值型的股票或被動指數型基金，可是大多數的投資人仍然是偏好短期報酬，並尋求套利的機會。尤其是在景氣擴張期間，投資人的情緒會變得高亢而降低風險趨避程度，這時會追求高波動度股票的交易，減除低波動度的股票，如果大多數投資人都是這樣，那將自己訓練成一個會換股操作的投資人而不是憑情緒交易，就非常重要了。這也就是培養對整體市場的敏感度、抓緊貝他值 (β) 投資，那自然就該出手便出手了。Stambaugh 等人 (2012) 指出，低波動度異常是可被預期的，且大多數的市場投資人會在前景看好時相互傳染做多股票以賺取資本利得，在正增強效果下，提高投資自信，長期投資除了出盈保虧下不復存在。

　　投資績效好壞，仍然是與選股能力和擇時能力攸關的，選股能力是指投資者能夠識別出優秀股票的能力，即能夠在眾多股票中挑選出具有良好業績增長潛力、估值合理、風險可控的股票。選股能力強的投資者能夠在市場中獲得較高的收益。擇時能力是指投資者能夠在合適的時機進行投資或退出投資的能力，即能夠在股票市場的上升趨勢中買入，在下降趨勢中賣出。擇時能力強的投資者能夠在市場波動中獲得較高的收益。選股能力和擇時能力都很重要，但兩者之間並不完全等同。選股能力是基礎，擇時能力是錦上添花。如果投資者能夠具備良好的選股能力，即使沒有擇時能力，也能夠在市場中獲得較高的收益。反之，如果投資者沒有良好的選股能力，即使有擇時能力，也可能無法獲得較高的收益。就有研究發現以共同基金的經理人之績效表現來看，通常擅於選股者卻弱於市場擇時，尤其是較大市場風險時，基金經理人多半無法採取停損措施減少虧損，而空頭市場時期的選股能力或優於多頭市場時期，追究其原因仍是信任長期投資，寧可被短線套牢的想法所致。能夠化解嘲笑短期投資的報酬終歸要低於長期投資組合的結論，除了培養好選股能力外，其唯一方式就是提高擇時能力，也就是該出手便出手。

　　曾經在宴席之中，鄰座有人放言直稱，投資圈流行所謂猴子對股票代號射飛鏢所圈中的投資組合，其報酬率都大於專業分析師所推薦之組合，我聞其言，非但不以為忤，還說股市交易之至上功夫便是以猴子為師。事實上，影響股價波動的因素太多，固然以橫斷面來看，投資組合的某一時段之報酬可能不會大於猴子選股，可問題是我們買賣股票是以一個資產池為核

心，當你發覺一出手便能大賺時，也許你會改變策略，用槓桿方式買股票且來回操作速度越快，這稱之為快手，但若一出手便套牢或反向操作不易得利，那你操作的速度就會減緩，且持有成數達到一定上限便不再進場投資。甚至隨時發現好的題材時，會賣出（放空）弱勢股、做多（搶進）強勢股，如此報酬率並不是以一個時段的固定投資組合來計算的，也就不會有猴子比你強的橋段。只要透過本書好好學習，必然能創造持續不斷的報酬率。

第三節　毋言，毋聽，毋必，毋固，毋我

　　設想散戶進場追價股票，願意承受風險，其原因仍在對所買股票價格的低估或將來會有短期動能進行博弈。而 Fama (1998) 則認為市場效率的驟然消失，主要來自於內情隱匿，如政府政策制定過程中，僅有少數決策者已知決策內情，開始先期買入股票持有，或是民間企業正悄悄購併其他公司，注資時很小心地怕被市場投資人知悉，引發市場投資人追漲的「贏家詛咒」現象。而判斷一家上市（櫃）公司的合理股價，在不同的時期有不同的主要影響因素，在經濟學上被稱之為異質性 (heterogeneity)，股價影響因素的異質性是指不同股票的股價受到不同因素的影響。這些因素可以包括企業的基本面、宏觀經濟狀況、市場情緒等。企業的基本面是指企業的財務狀況、盈利能力、成長潛力等。這些因素是股價長期趨勢的主要驅動因素。一般來說，財務狀況良好、盈利能力強、成長潛力大的企業，其股價往往較高。宏觀經濟狀況是指經濟增長、通貨膨脹、利率等。這些因素會影響企業的盈利能力和市場需求，從

而對股價產生影響。

　　一般來說，經濟增長、通貨膨脹率較低、利率較低的環境下，企業的盈利能力和市場需求往往較好，從而對股價產生正面影響。市場情緒是指投資者對市場的預期和情緒。市場情緒波動會導致股價短期的大幅波動。一般來說，市場情緒樂觀時，股價往往較高；市場情緒悲觀時，股價往往較低。像是週期性股票的股價往往受宏觀經濟狀況的影響較大。在經濟增長較快的時期，週期性股票的股價往往較高；在經濟增長放緩的時期，週期性股票的股價往往較低。成長股的股價往往受企業基本面的影響較大。例如，如果一家成長股公司的盈利能力持續增長，其股價往往會隨之上漲。而價值股的股價往往受市場情緒的影響較大。例如，如果市場情緒樂觀，價值股的股價往往會上漲；如果市場情緒悲觀，價值股的股價往往會下跌 (Campbell & Cochrane, 1999)。

　　許多投資人都自以為是，認為掌握到內線消息後就開始出手買股票，但是有時候，以為有好消息卻其實是壞消息，這時候股價反而大跌，我們稱之為「嚇唬」。所謂「嚇唬」便是指這個市場在大家都匿名交易而可以正大光明去搶奪人家財產之下，一進入這個市場交易，只要合法，你為何不邪惡？而邪惡之目的是為了在股市之中搶錢啊！在合法的地方不搶錢，你要去哪裡搶錢？於是嚇唬成了交易市場的規則，資訊真假難辨，因此從技術面找到反覆的買賣點，當然這些要求還必須是要先培養自己堅守市場規律、該出手才出手的基本原則。

　　投資人也會想等到資訊完全公開後再自行評價，可是當這類理性投資人較多時，股價難免高估，且彼此可能都有自己

的評價模型，因此股價自然會在上緣（頭部）進行波動，且所產生的短期波動，可能在以後的時序中，因為消息發散後回到基本價值。投資人在不同時機對相同公開資訊的評價，其買入持有成本不同，自然會有賺賠的各種可能，而投資人可能會將自己的巧妙獲利歸諸於自己的精準判斷，但若出錯賠錢就歸罪在環境上，這是一種自利性偏差 (self-attribution bias; Daniel, Hirshleifer & Subrahmanyam, 1998)。

　　大額投資人應該較小散戶能掌握更完整的資訊，那他們的投資績效應該會高過市場標準或被動投資組合的標準，然而卻絕少有這樣的個案。像是 Fama (1991)、Chevalier & Ellison (1999) 及 Hong & Rady (2002)，他們發現經理人並沒有能力將投資組合績效超過被動式基金，不管這些人花了多少心思在分析和選股上。這有可能是大額交易下，若設定要買的數量，可能無法控制成本及買進價位可能會產生極大的波動區間，我們稱之為「執行落差」，這種執行落差也可能是為了壓低某段區間的價格而造成買賣上難以估算。既然是如此，則在一個價格區間或是一個數量橫幅來看，任何人都有可能買貴而遭到套牢（因為會反覆洗貨），若這個時候恰有其他投資議題發酵而值得買入持有，那也可以先行賣出個股以求獲利，再於將來徐圖逢低買回。

　　許多行為學家投入對投資人偏差行為的研究，De Bondt & Thaler (1995) 主張要從這些偏差類型來找出投資人的理性面，於是如何了解投資人在面對股價超常報酬可得下的不理性行為。在資本市場上，分析師與投資人都會自己製造訊息以供交易，他們常常搞很多名堂，如拜訪管理者詢問公司的營業機

密、傳播謠言和向公司詢問謠言的真實性，以及談論公司的財
報，藉此來影響股價變化。假設一位投資人高估他所掌握的資
訊，或是把公司的資訊做過高的解讀，或是就已公開的資訊中
只撿想要的部分，其他的就視而不見，或是對專家預測的錯誤
並沒有放在心上，或是對訊號或評價有太多個人的主觀直覺，
那麼只能說對價格波動有較高的自信，但市場上未必普遍認同
這個價格走勢。回到過度自信的討論，許多投資人對私有資訊
的自負是遠大於在已公開資訊如財務報表已經公開等去評價。

　　Daniel, Hirshleifer & Subrahmanyam (1998) 的研究發現有
趣的現象，也就是投資人即便擁有私有資訊，但若消息廣為宣
告，他們仍會在後來「再加碼」或「賣出後再追價」以追求超
常報酬，以至於股價高估。當市場重複談論同樣一事件時，股
價就會來回運動持續上升，離開了合理的股價，雖然理論上是
說資訊公開讓大家都知道的程度越高，股價就越會向合理的價
格運動，但這必須假設投資人是理性的，是在私有資訊較高的
情況下，股價會高估，而資訊已公開時，股價會回測。這可說
是一個「過度反應—回測」的類型，理性投資人對於股價過度
波動可以接受的論點，有些與情理不合。

　　在理論上，如果投資人在消息傳開前擁有內線消息而逐前
買入股票持有，當後來消息公開時，因為確知，就會將持股大
量賣出套現。而若投資人確知此公開資訊之價值，其自信就會
受到增強。但若公開的訊息與所掌握的內情並不完全相符，就
會造成股價受到失望性賣壓的影響，如此說來報章媒體的報導
都充滿著反向操作的影子。

第四節　萬事自有規律

　　股價走勢若能依循於營運績效，對於願意充分揭露資訊的優良公司而言，可以被市場分析師清楚掌控到公司的未來營運現金流量，從公司想要在權益市場上籌資開始，他們能清楚地擘劃出企業未來的願景。像是建築公司要投資多少金錢在市中心開發住宅大樓，而完工後若能搭上可預期的經濟成長或通貨膨脹，房價將上漲多少成數，因此當建設公司在資本市場上籌資並且向市場投資人宣告自己的投資計畫時，是很容易被市場分析師預期其未來盈餘，而市場投資人也樂於長期投資買入持有這家公司的股票，並等到未來實現營運績效。這類公司的股價將會持續穩健上漲，且符合盈餘平滑化的目標，股價可以合理估計。可是若在投入到完工期間萬一發生盈餘與預期不合，如受到一些不可抗力因素造成工程延宕等因素，這時候市場投資人開始缺乏共識，就會造成股價大幅度波動，而營運績效也很難預測了。

　　Dutt & Humphery-Jenner (2013) 認為個股報酬變異越小的公司其公司營運績效越好，而波動度較低這種現象普遍存在北美洲，無論是新興市場或已開發市場，營運績效越好也影響到股價波動度越小。Hong & Stein (1999) 提出學習假說，認為股價的高估或低估是動能交易者與消息注意者兩類型投資人彼此在股市之中交戰的結果，而股價低估與高估，將以盈餘為學習的中心，表現在穩健成長走勢和向平均數復歸 (mean-reverting) 兩種類型。顯然地動能交易者僅會參考消息的一部分，消息觀察者則是依據與財務報表有關的公告消息買賣追價而不管當時的股價。

　　有許多季節性因素或是公司特質因素會影響到股價波動，因此如何找到低廉股價買入持有，基本上是技術面的。De Bondt & Thaler (1987) 及 Bildik & Gulay (2006) 提出元月效應及企業循環假說，認爲元月股價會比其他月分來得高，而企業在一年之內的淡旺季循環期股價都會有不同表現。像是台灣許多傳統產業本身並沒有超常報酬，在空頭市場階段，股價持續下跌，本身缺乏市場投資人追價，與公司規模無關。但即便是在多頭時期，投資人仍不喜愛購買持有，因此在大多數股票上漲下，這類傳統產業也只小幅度上漲，便形成了在整體市場下跌時，傳統產業的股票跌幅很大，而在多頭上升階段，傳統產業的股票上漲幅度有限。

　　有時候，熱市 (hot market) 產生的現金增資或新上市公司旺季也會影響到市場投資人對預期報酬的誤判。許多人認爲搶購增資股或還在上市蜜月期的股票，可以賺得超常報酬，可是很多實證研究在熱市期間上市或增資發行新股時所能賺得報酬相對較小 (Fama, 1998; Mitchell & Stafford, 2000; Brav & Gropmers, 1997)。其原因可能是在這期間其他公司的股票也擁有不錯的超常報酬或是較高的市值對帳面價值比 (market to book value)，學者們也發現許多新上市公司有密集一起上市的現象，雖然創造了表面的超額報酬，可是相較起來，報酬率未必較高，但是市場投資人都偏好買進這些新上市公司的股票。Eckbo, Masulis & Norli (2000) 也指出新上市公司的股票發行人較關注市場流動性，而且也知道非理性的盲目投資人偏愛新上市公司股票（誤以爲有籌碼鎖定效果），以至於會影響價差、價深與成交量，傳遞資訊給市場投資人，讓他們搶購去追求報

酬。股價的走勢通常較跟隨著這些規律，而人們也常常受到
「自利性偏差」(self-attribution bias) 的影響，也就是說會認為
自己總是對的，看準卻沒出手買，後悔於總是差一步，但去買
時價格又漲太快了，擔心驟然急殺就被套牢了。營運績效與獲
利消息的宣告對投資人來說都是強化自信的，造成整體股價相
同方向運動，當股價過高時就會向均數復歸，因此一檔有內線
好（壞）的股價從發動短期動能開始，直到消息公開後漲到最
高點再回檔，處在過度自信與自利性偏誤的交錯買賣過程中。

　　圖 5 很經典地表達在有自利性偏差下，私有資訊造成股價
波動的動態模式，實線代表價格會高估之後，約 120 天股價回

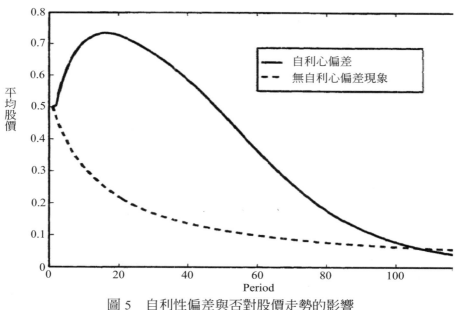

圖 5　自利性偏差與否對股價走勢的影響

資料來源：Daniel, Hirshleifer & Subrahamyam (1998), Investor Psychology
and Security Market under- and overreactions, *The Journal of
Finance*, LIII(6), 1839-1885.

到原點，而沒有自利性偏差的純理性行為，則僅短期的動能反應後就回到起漲原點。通常虛線現象是接連不斷的資訊揭露，投資人偏向於可合理估計股價，致沒有追高殺低的行為，也就較能判斷雜訊。

這種平均股價漲幅陡然隆起後急遽下降為零的現象，多半來自投資人在認為擁有內線消息下的加重買進持有行為，許多股票一經大量交易只買不賣，則價格在最短時間內上漲，意味著要大漲一段時日。通常消息若很快見報，市場投資人在無從分辨是內線消息已公告還是記者瞎掰（有些是市場派丟出來的消息，記者問公司時，可能有幾分真確，但不好完整回答，這是一種摻沙現象），則報酬會大幅度下降。一旦投資人相信假消息就會不管價高去買，但買到就套牢，直到認賠出場為止。

值得探索一個股價走勢的規律，也就是當大家都看到一個相同的訊號和公開會計資訊，而此訊息必然是要公告且解讀者對其看法極有可能並不一致，例如「符合預期」、「超乎預期」或「不如預期」，但這種心理因素對股價的影響可能別有意義。我們可以藉由圖6來說明，當會計績效被揭露後，投資人怎麼面對這些訊息而進行買賣交易，簡要地來說，因為教育程度、風險承受度及操作目標的完全不一致，造成這些會計數據的公布其實是雜訊，也就是一個會引發高波動風險的火藥。所以多數平均股價的反應都是先大漲後就下跌了，雖然圖6很容易讓我們記住這個漲跌規律，可是究竟是漲幾天下跌幾天？還是漲一個上午就下跌？這便是操作上要練習的交易功力了。

在股票市場上交易，並不是只做買進持有不要賣出的動作，否則何必討論必要報酬率這種平均化的報酬率，而投資

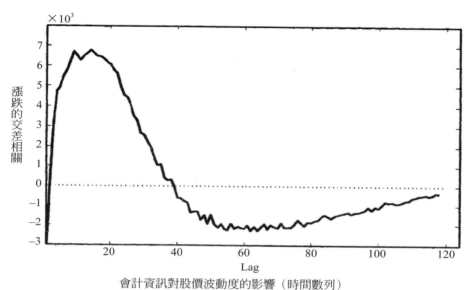

會計資訊對股價波動度的影響（時間數列）

圖 6　會計資訊揭露後公開資訊反成雜訊對股價所造成的影響

資料來源：Daniel, Hirshleifer & Subrahamyam (1998), Investor Psychology and Security Market under- and overreactions, *The Journal of Finance*, LIII(6), 1839-1885.

學上所稱貝他值，其實是指在你買入持有一系列證券所形成的投資組合對市場股價加權指數的敏感程度。如果自己設定高敏感度的股票，則換股操作就是常態，如此也沒必要排斥放空操作。《熊報告》(*The Bear Book*) 一書作者羅斯柴爾德·約翰 (John Rothchild) 就說過 (1998)：「老練的放空者都要揹上一些罵名，如令人討厭的吸血蝙蝠，會對華爾街散播骯髒的疾病。」放空若說是融券，便是「借股票來賣」的意思，在台灣證券交易所的網站上有明確的界定，「借券與借券賣出實為兩個不同的交易行為，『借券』為有價證券借貸行為，僅指出借人將有價證券出借給借券人，賺取借券費收益，而借券人借券

目的除爲放空外，亦可從事避險、套利等策略性交易或爲還券、履約之用。故投資人借入證券不一定馬上會在證券市場賣出，借券成交不等於借券放空，如欲了解借券放空情形，應查詢借券後在證券市場上實際賣出數量。」

出借人向借券人收取證券出借費，目前的費率是年利率0.01-16%，但遇到被軋空時，一股難求，可能檯面下的日利率會飆很高，因此放空行爲的風險是很高的，想要提高放空成功機率，可以密切觀察三大法人持股動向。有些時候機構投資人在早先預測公司的業績會很好，進而大量持續買進股票，後來發現並不如所預期，開始要在市場上減少持股，成爲流動性供給者，自然讓訓練有素的投資人勇於出手放空套利。

由於三大法人本身不管是文化或機構本身的因素，他們都不願意執行放空策略，Almazan 等人 (2004) 的調查指出，僅有 30% 的共同基金願意放空和只有 3% 的基金經理人有放空的經驗，因此當市場高估合理股價之後，他們若在處理防範股價下跌上沒有其他辦法，那放空便是一般投資人的機會。依照 Almazan 等人 (2004) 與 Nagel (2005) 的發現，認爲市場投資人多半是分批分期持續買入持有股票，但是機構低持股的訊號也反應著即便三大法人不肯放空，但持續賣出股票也會造成股價下跌的壓力。換一個角度說，若市場投資人在大量當日沖銷的狀況下，市場流動性較高且顯見股價高估，那爲何近期成交量大於遠期成交量數倍？其中除了當沖作量外，不排除是大股東的持股釋出，他們起了平衡股價的作用，那也促成熟練投資人做空的機會。

如果市場屬於穩定狀態，很清楚地知道目前漲什麼股票，

那大股東看到未來還能收到較高的出借股票的利息收入〔借券收入計算方式：出借股數 × 每日收盤價 × 成交費率 × 出借日數 ÷365。係逐日（算頭不算尾）逐筆計算至還券了結後收付〕，因此願意出借的動因減少了，反而借券者不易借券放空，融券餘額處於低檔。但若是處在高度不確定狀態，股價開始出現高檔盤整，則融券餘額增加，財經媒體開始報導一些融券限制，而借貸利率可能開始上升，大股東願意讓出股票使得較高的借貸利率又開始下降，這些特色都說明是該放空股票的時候。

第五節　你能克服矛盾嗎？低波動度股票與押注式股票

　　長短期投資的立論根據是投資組合，而投資組合的成功與否又與效率有關。投資組合效率常被稱爲效率前緣 (efficiency frontier)，這與市場效率性無關，市場效率假說 (efficiency market hypothesis, EMH) 指的是股價資訊可得性 (stock price informativeness)。投資學上的效率前緣有嚴謹的界定，就是在所追求的最佳投資組合上，「風險可控制的條件下，期望報酬最大，或期望報酬越明確，股價波動度（投資組合所承受的風險）越小」，後者旨在抓緊報酬後（一鳥在手理論）設法讓投資組合的變異性越小，但低波動度有可能與期望報酬互爲因果。許多投資組合的效率又與股價低波動率有關，Baker 等人 (2011) 針對美國市場研究發現在十等分的組合中，低波動度組所能得到的平均報酬率會大於其他組合的波動度報酬。而 Ang 等人 (2009) 及 Blitz & van Vliet (2007) 在先進國家的研究也得

到相同的結果，低波動群組較高波動群組有較高的平均報酬，且前一期低波動度在下一期極有機會是高報酬，其原因可能是共同基金依據內定的選股，使得長期帳面的未實現報酬率數目很令人滿意。因爲從來不計算本金是否虧損，將大量資金分配在不同相關係數下的股票上，尤其是低波動度組合，這與套利交易者會尋找系統性的套利機會進行套利所創造的低風險現象，其概念是不同的。有些學者將這些毫不相關的股票串聯在一起稱爲超額報酬共變，也發現專業經理機構會去投資這些股票，當然這必然是個別的共同基金設計是有風格的，若高貝他值（相對於大盤更加敏感）的投資組合意味著投資人願意多承擔風險，那就是期待短線上的超常報酬，這時候不易顯現低波動度對投資組合期望報酬的影響。

此外，套利交易者追求在股價有較大波動下的套利空間，但有些學者主張套利是有限的 (limits of arbitrage)，在低波動度效果上尤爲明顯。在美國市場上，「套利是有限的」非常明顯，因爲美國證券交易法要求共同基金必須充分揭露持股原則，以及持股變動明細（N-1A 法條），但是這在非美國市場就沒有類似的要求。而其他國家的小額投資人較多 (Gao & Lin, 2012; Kuo & Lin, 2013)，他們對持股規範相對地彈性，然而在非美國市場，持股原則仍然是很重要的。他的影響可能比美國差，可是套利的有限可被解釋若以全球市場來做組合時，機構投資人會喜歡去買低波動度的股票形成組合來規避風險。

在新興市場會有低波動度效果，主因於大多數的新興工業國家在設計他們的指數時會偏好以較低波動度的股票來作爲買入持有的依據，而且也偏好公司的股價變動程度較小。如

此這類的股票因為波動度低，長期股價走勢像一條水平線，只要有偏離價格區間之外，便會引起套利交易者注意而進行反向交易。其次是，如果境外投資人有興趣投資新興市場的股票，那他們大概是一致認為這些國家的經濟可穩健成長，認為這些國家較大公司規模的股東來看，他們良好的資訊揭露機制、公司治理結構，且股價波動度較低，值得買入後長期持有 (Cumming et al., 2009)。從市場效率性來說，超常報酬應該與盈餘額外暴衝有關，若盈餘就如所觀察那樣沒有什麼顯著變化，則低波動度效果就存在。而盈餘額外產生必然與營運績效有關。如果低波動的效果越明確，便可能是公司內部資金可以充實營運活動，也能支持長期的投資計畫，而這些計畫若處在缺乏現金流量的條件下，股價會產生折價情況 (Martin, 2012)，相對地，這些計畫若長期而持續地成功，股價便會持續緩慢上漲，不會有大波動的現象。

低波動度群組的弱股票可能被歸類為價值型的股票，但並不一定全然是，不過這顯示花時間在這類股票進行操作或耗費較多的交易成本是划不來的 (Li et al., 2004)，低波動度效果帶來好的期望報酬在新興市場國家有效 (Halling et al., 2008)，而低波動度效果也可能與價值型股票有關，如此應該是有較好的營運績效而產生較多的現金流量，或是投資方案所能創造的報酬對營運績效有影響，如此說來，低波動度效果代表公司有能力增進對資金的取得，應該說經營事業的風險會相對較小。套利者自然樂於注視產生低波動效果的股票，若偶爾波動超過了大箱型整理區，便放空或做多持股。

這種股票的另一個特色也是低流動性。同樣地，若是呈現

流動性較低的股票會有風險貼水，因此若是呈現流動性折價將來可能會出現高股價報酬 (Dutt & Humphery-Jenner, 2013)，同樣地，若某家公司過去的營運績效較差，其低波動度效果（就是未來股價報酬）便會不好，這可能會預先反應盈餘宣告時盈餘不如預期的預先效果。低波動度效果若能存在，可能是內線資訊很難讓專業投資機構取得，因此偏向於低波動度的群組，可是這樣一旦有了異常波動，便成為套利者採取反向操作的機會。

有趣的是，低波動度股票常會在未來某段時日引發持續大漲的動能現象，若我們習慣性定義低波動度股票為冷門股或價值股，那突然持續大漲的這類股票，我們稱之為「樂透型（或彩券型）股票」(lottery-like stock)。而冷門股或價值型股票的鹹魚翻身，突然變成天天大漲的「報酬共變性」股票，那對於已經打算長期存股的投資人來說，會修改這個長期存股信念而見好就收嗎？難道就是要抱到開獎結束，股價再回到原來的價格區間嗎？

押注式股票會有報酬共變的現象，Kumar 等人 (2016) 認為市場上有某些族群，例如年輕、低所得、教育程度不高和單身男性、天主教徒（相對於新教徒的比例），偏愛集體炒作某些有題材但可能有實質經濟效果的股票，而這些股票之間可能具有「超額報酬共變」(excess comovement in stock return)，他們會找到一個題材，集體炒作這個題材，直到市場共識，引發追隨者效果 (investor cliemtie)。這些股票相對於股價同步運動而言是後者必然與產業前景或供應鏈的未來有極大關係，可是樂透型股票並沒有什麼技術研發突破等的利多消息激勵。最有

趣的例子是市場預期政府介入新冠肺炎的疫苗採購，政府想要給予高端疫苗公司緊急授權，而這時高端公司的臨床實驗還未通過三期，股價卻持續大漲形成報酬共變現象。若大家理性來討論這個尚無可能獲利的公司，對其合理股價的推估也太超過了。

圖 7　由低波動度股票轉為樂透型押注式股票

資料來源：張其祿立委辦公室提供。

　　由圖 7 的高端股價走勢足以證明一檔低波動度股票是何以轉變成樂透型股票，在沒有內線消息（因為高端的新冠疫苗是否會得到政府緊急授權，是由政府決定，高端公司無權干預其決策結果）且沒有產業前景大好的股價同步運動，基本上它就是一個市場投資人在報酬共變下所造就的樂透型股票。早

在 2021 年 2 月 17 日以前，對德國 BNT 疫苗採購案失敗時，便從原本在 28.5 到 32.5 之間的區間股價走勢，大漲到 121.5 元的價格，成長約四倍多，其後更在 3 個月內狂飆到 389 元以上，直到 5 月 29 日被立委提出有炒作嫌疑而總統府出面否認，才停止樂透走勢。這種股票的上漲走勢與基本面、產業前景或是公司價值全然無關，也無法斷言即將收到政府緊急授權是一個私有資訊，那完全是報酬共變的賭運氣投資，就被稱為押注式樂透型股票。

由於樂透型股票的特質是無參考依據且個別風險很大，因此購買這種股票就只是對賭而已，投資人自覺買錯時當然是當機立斷，馬上認賠砍出，但若遇到反轉上漲時，還是要賭性堅強，繼續買入持有。只是這種股票在變成樂透型股票前，它本身就具備價值型冷門的低波動特色，投資人不是思考著要長期存股賺每年現金股利嗎？當這類股票在短期內資本利得已是數倍有餘時，且一旦炒作結束，你也知道會跌回原點，請問你的投資原則還是不改變嗎？

樂透型股票的成因，有人認為是公司總部所屬區域的賭博文化所影響的，也就是公司總部所在地的居民屬性很喜歡投機交易，則該公司的股票終於有一天會變成樂透型股票，但這個論據並沒有被充分支持。有些學者主張是機構投資人在共同基金績效比較情況下，會為了提高短期績效進而押注在樂透型股票，以至於更加有報酬共變的現象 (Akbas et al., 2015)。而有些學者認為就因為受益人的賭博偏好，造成績效差的基金會試圖在短期內參加樂透型股票押注，他們熱衷於投資樂透型股票，這有助於營造漂亮的基金績效，雖然他們為了隱藏交易行

為、延遲資訊外洩與避免追高價而積極將大規模下單給改成小規模連續下單，以免為市場投資人發現。

　　當然，也有學者認為這是狀態相依 (state dependence) 的現象，Liu, Wang, Yu & Zhao (2020) 就認為在財務報告宣告前，是私有資訊高度表現的期間，市場投資人參與押注式交易機率較高，因為大家都不知道營業績效如何，等到財報宣告後，若股價被高估的就會產生崩盤效果，使得股價大幅度跌落。這個理論與剛剛提到的高端股票個案大同小異，差別在於政府宣告高端公司有沒有得到政府特許和購買量。

　　Byun, Goh & Kim (2020) 與 Blau, DeLisle & Whitby (2020) 則納入定錨偏誤的觀點，認為低波動度的股票在多頭市場強漲的格局中往往是很悶的，他們可能業務性質完全不相關，可是在投資績效上是最差的，相對於過去 52 週的漲幅是最差的一群。但有時候這類股票也受到景氣好轉的影響，尤其是公司規模較大的，營運現金流量大幅度增加，提高了原來股東在市場上回補股票的動機，於是乎若遇上市場作手的炒作，就會像中樂透一樣，股價大幅度揚升。

　　關於樂透型股票我們會在第五章再繼續討論，本節重點只是說明：對於長期投資存股的投資人，萬一買了低波動度股票卻變成樂透型股票時，你該怎麼辦？

第二章

股價同步運動 (Stock price synchronicity)

　　投資學教科書裡提到效率市場假說 (efficiency market hypothesis)，意指資訊導引股價的隨機漫步，而股價若出現隨機性，那大概是缺乏讓股價大幅度偏離基本價值的訊息，因此資訊可得性便意謂資訊反應在股價上的速度。若資訊可立即反應在股價上，則價格的波動度就越小，所謂一價到位，如此套利者想要從中套利便不存在。但至少在半強式效率市場或弱式效率市場上，價格不會立即反應在股價上，有趣的是基於此一觀點，Hasan, Song & Wachtel (2014) 認為機構投資人若為了蒐集私有資訊而需負擔很高的蒐集成本，他們就會減少去探究造成股價變動的原因，只要從股價在同產業或同市場之間是否有同步運動來判斷。股價同步運動意謂在個股之間有較高的齊漲齊跌的關聯性，對於資訊可得性不高的市場，投資人期望透過市場或產業的同步運動來推薦買賣股票，因此主要在研究總體及產業變化。在效率市場假說下，訊號機制左右股價波動且讓資源做最好的配置，可是如果有一群公司的股票齊漲齊跌，那就與公司的財務狀況、成長階段、執行長特質和其他各種訊號都無關了。因此要探討影響的因素可能與個別公司股價變異的因素無關，但有些因素足以使整個概念或產業或供應鏈得以提高競爭優勢。

　　目前探討股價同步運動的文獻偏向於資訊效率假說，認為個別公司的特有風險可以共同彙整一起反應在股價上，例如美國輝達公司的股價大漲，帶動台灣的代工廠如緯創、英業達、廣達、技嘉與華碩，或是 AI 人工智慧如緯穎、創意等股價的大漲，這些都是某個公司的特有風險引起相關廠商股價的大漲。與公司特有資訊有關的因素，如對投資人的保護

(Morck, Yeung & Yu, 2000)，資本市場開放程度和法律完整性 (Li, Morck, Young & Yeung, 2004) 以及資訊環境 (Jin & Myers, 2006)，而許多非財務報表資訊的共通因子，如媒體關注度與社會形象、分析師預測能力與資訊揭露誠信，目前統歸放在永續價值 (ESG) 之上與股價同步運動。

第一節　資訊可得性與股價同步運動

私有資訊對股價的反應常是經由投機的交易活動，根據這一點，管理者也許思考的是如何使公司的期望價值最大化而進行投資決策，管理者會從市場上蒐集到所有造成股價波動的資訊，而且他還握有自己已知但市場上不會有的內線消息，在這種氛圍下，管理者會測試在對外宣稱某項投資計畫將要推動後對股價反應的敏感度。訊息對管理者而言，他們會從股價變動上來學習如何制定決策（我們稱之為學習假說），可是關係合理股價的資訊常常包含已知的公開資訊與未公開的內部消息。在學習假說上，投機交易所造成個股報酬變異對投資決策的敏感程度，意味著私有資訊對股價的實質作用。

股價同步運動也正是公司內部消息少被外界所知，這使得股價同步運動常與公司基本價值無關，如個別雜訊所造成的股價同步運動。例如 2018 年 2 月開始，國巨公司採取購併策略，收購台灣較小規模被動元件廠商，這個購併行動牽涉到籌資與證券交易等工作，自然是無法隱蔽訊息，可是究竟主要收購對象（有些是合意的，有些公司則是敵意的）是哪些就不容易猜對，反而造成當年度一直到 8 月的被動元件族群股價大漲。這看起來是同步運動，但實際上影響的因素卻是市場雜

音，這是偽相關的。事實上股價同步運動若為偽相關，知情者卻會從股價偏離合理價值而進行大量交易，來獲取其中利益。如國巨大股東抓住國巨大漲後的時機大量出脫手中持股，造成後來的股價崩盤風險。（按：根據 2018 年 7 月 11 日中廣新聞網的報導 (https://tw.sports.yahoo.com/news/ 國巨大股東賣股套現 120 億股價慘摔 -105511998--finance.html)。）

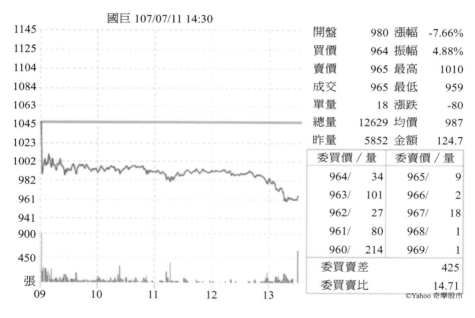

圖 8　國巨股價在 107 年 7 月 11 日大跌

　　對於股價同步運動與是否具有價格資訊可得性 (price informativeness) 有二派學者的見解，其一是堅稱股價報酬同步運動與價格資訊可得性具有負面相關性（Chan & Chan, 2014），而 Morck, Yeung & Yu (2000) 發現股價同步運動在政府對股東及專利權保障越差的國家會越高。他們認為不重視私

有財產權保障的國家會影響到套利者對於合理股價的判斷，因此價格資訊可得性比較差，因為個別公司的私有資訊不易被吸入在股價上，因而機構投資人寧可觀察股價同步運動，也不想花更多的資訊蒐集成本以探求個別公司的私有資訊，因此股價同步運動反應資訊可得性越差，個股報酬變異越大 (Kelly, 2014; Dasqupta, Gan & Gao, 2010; Cheng, Leung & Yu, 2014)。很多研究指出股價同步運動影響資金分配 (capital allocation) 的效率，所以股價同步運動便是股價資訊可得性。

所謂資金分配或資本配置，乃是公司財務的募集如何有效地配置在營運、研發與事業投資之上，若能有盈餘時也可及早減少債務、減輕利息支出等。例如 Wurgler (2000) 針對多國的研究發現資金分配的效率與本國股價報酬同步運動之間的關聯性為負向的，而且 Durnev, Morck & Yeung (2004) 發現美國公司同步運動越少代表公司越會各自對外籌資，則資金分配效率越高。這些學者的論點支持公司若有較高的個股報酬變異，則訊息套利者越會密切注意股價的個別表現，因此股價會很有效率地反應在公司的對外籌資與資本支出的決策上。

另一派的看法是認為股價同步運動對股價資訊可得性為正相關，West (1988) 認為資訊會快速被股價吸納而波動較少。Kelly (2005) 發現 R 平方值（用來衡量股價同步運動）的指標較低，則這家公司的股權結構中有機構投資人較少、較年輕和較低持股的特徵，而且有較高的分析師預測誤差及 R 平方值越小代表較低的流動性。資訊環境較差且價格資訊可得越低。

Dasgupta, Can & Gao (2010) 認為當資訊透明度越高則股價報酬同步運動越高，他們提供簡單的模型指出，在越透明的

資訊環境中，市場參與者越容易拿到公司特別訊息，則這些訊息會快速地被股價所吸納。如此當訊息一被公開揭露，股價對消息的敏感程度會越差，不會因而造成股價波動。他們也以實證結果支持資訊越透明的公司其個股報酬變異的程度越差，而會有較高的股票報酬同步運動。Chan, Hameed & Kang (2013) 有不同的見解，認為股價同步運動越高則資訊不對稱越差，他們認為市場參與者可以從市場訊息的取得來判斷個別公司的資訊，但是若個別公司私有資訊越高則越難衡量個別公司的合理股價，因而達到股價波動度越高。他們也發現股價報酬同步運動越高則流動性越高，流動性的衡量多是以價差、價格變動對成交量的影響，或 Amihud 在 2002 年所提出的反流動性指標來衡量，這也指出股價同步運動越高則資訊不對稱越低，而這也促進較多在市場上的流動性。

第二節　如何測度股價同步運動

　　股價同步運動的衡量主要是計算個別公司報酬與其同產業或同市場之間的相關公司所能得到的係數值。Roll (1988) 認為個股報酬變異相對於整體市場報酬率所占的最大比例，可說是個別公司訊息相對於整體與價值有關的市場資訊之間的差別。這個比例可以定義為私有資訊經過市場交易後，被反應在股價上的比重。股價同步運動的相反名詞為個股報酬變異，若股價同步運動程度越高就是個股報酬變異越低。如果個別公司的報酬相對於市場和產業報酬具有很高的相關係數，代表這家公司擁有較少的個股報酬變異，但有較高的系統性風險。

　　本節討論股票價格同步運動的衡量，依據 Piotroski &

Roulstone (2004) 的討論，需先估計出一個市場模式，此模式可將總報酬變異分成兩個部分，其一為以市場或產業為主的一般因素，另一個則是公司特色因素。此一迴歸方程式以日報酬為基準，如公式 (1)：

$$RET_{i,t} = \alpha + \beta_1 MKTRET_t + \beta_2 MKTRET_{t-1} + \beta_3 INDRET_{i,t}$$
$$+ \beta_4 INDRET_{i,t-1} + \epsilon_{i,t} \tag{1}$$

此處 $RET_{i,t}$ 是 i 公司第 t 日的報酬，$MKTRET_i$ 是 t 日價值加權報酬以台灣加權股價指數的日均報酬率為主。而 $INDRET_{i,t}$ 是以樣本公司 i 所屬的二維碼之產業分類標準來求取價值加權股價平均報酬，且納入前一天的市場和產業報酬來計算，代表前一日市場層次與產業層次的股價資訊，在新興工業國家容易產生的滯後反應，ε 代表殘差項。由於新興工業國家的上市公司之中有很多產業的上市家數很少，無法構成一個足以代表該產業環境的產業平均報酬，因此本文也運用 Chan & Chan (2014) 的做法，排除同產業上市公司少於四家的產業，且以這些公司的持有資訊來代替產業報酬，而新上市公司若交易日數在 100 日以內也予以排除，在公式 (1) 的計算會得到總日報酬率，再以 200 個營業日的報酬率計算移動平均報酬率，進而得到總報酬率變異與各股報酬率變異，將兩者相除後會得到 R^2 值，此時 R^2 值會介於 [0, 1] 之間，最後再透過邏輯斯轉換來調整，故股價同步運動的公式定義如下：

$$SYNCH = \ln\left(\frac{R^2}{1-R^2}\right) \tag{2}$$

　　此處 R^2 是由公式 (1) 所估算的 RET 來決定，SYNCH 數值越高代表公司與市場報酬有較高的相關性。

第三節　機構效應與股價同步運動

　　股價同步運動是指相同產業的股價具有高關聯性的運動，同時也指供應鏈體系之間也有同步運動，而探討影響同產業或同供應鏈具有同步運動影響指標的，本節主要從機構效應的影響來討論。有人從股權集中的程度來解釋，有人強調公司治理之中機構投資人的角色，有人則認為政府當局在新興工業國家的影響不容忽視，以下則是逐一分析。

一、股權集中程度

　　Morck 等學者 (2000) 認為機構效應可能是重要的影響因素之一，先進國家與新興工業國家對投資人的保護法令並不相同，造成在相對較落後國家的機構投資人寧願從觀察集團、垂直整合與營運多角化的關係企業之間的股價同步運動來替代私有資訊的蒐集 (Khanna & Thomas, 2009)。Gul 等人 (2010) 認為股價同步運動與機構效應有關，主因是就算是新興工業國家與已開發國家在資訊揭露的要求多為完全揭露 (Ball, 2001; Chan & Hameed, 2006)，不至於有私有資訊。這如稍後我們討論的內線消息之到達的一些假說，於是放眼在機構投資人的影響，因為在新興工業國家的所有權結構通常只相對集中地被持有在家族企業或政府手中，呈現高度現金流量權與所有權偏離的現象，而集團企業也經由交叉持股等方式實現非正式的股權集中，這種股權結構有利於控制股東獎勵和提供機會造成

管理者為自我利益的掠奪行為，造成對外部股東的權益侵犯 (Johnson, La Porta, Lopea-De-Silanes & Shleifer, 2000; Bertland, Mehta & Mullainantha, 2002)。許多時候公司必須配合政府當局的一些政策運作，這時候控制股東會出面干預公司的決策制定，便有了誘因去掌握與價值有關的私有資訊，此資訊將顯示對外部股東所估計的合理價值，有遺漏了管理層自利行動及隱藏資訊的那一部分。結果，外部投資人要獲得私有資訊的成本越高，則回應資訊進行交易的獲利能力便越差，這將造成為了資訊而進行交易的行為越少，則股價的資訊可得性越差，因此股價同步運動就越高。

　　中國被歸類為新興工業國家，他們對智慧財產權的保護較歐美先進國家為弱，因此公司治理常被視為造成資訊不對稱的主要因素。中國從早期「國有股減持」到民營化後，仍持有極高的已上市公司股票（公股部分），這些控制股東即便沒有掌控董事會，對管理層仍有影響作用，因此名義上股權掌握在少數股東手上，實際是被中央、地方政府或政府所設計的機構所高度支配，這種幕後為公部門的資訊環境很難與股價對接，將令國有股所代表的控制大股東與資訊不對稱的問題被拿來討論。Gul 等人 (2010) 從「控制股東掠奪利益假說」來看，控制股東都是為自己利益而努力，因此會減少資訊外洩，如減少市場投資人歡迎的消息或選擇有利於己的資訊揭露，以掩護他們牟取利益以及尋找對個別利益有關的投資計畫，再轉出私有資訊進入市場。因此控制股東的權力會阻止公司特有資訊流入市場的速度，有助於將資訊環境模糊化 (Morck, Yeung & Yu, 2000; Claessens, Djankov, Fan & Lang, 2002; Fan & Wong, 2002)。

在股權集中下控制股東隨心所欲地對私有資訊加工處理，且控制股東也傾向於避免投資高風險事業，大致上守成與保守經營是高控制股東存在的特色，這造成了市場對公司資訊的掌握與實情不符，除非付出高昂的代價以求得到內線消息，如此資訊不會及時傳達在股價上 (Roll, 1988; Morck, Yeung & Yu, 2000; Fernandes & Ferreira, 2009)。其結論是在高度股權集中之下，公司的股價缺乏資訊效率而只好依靠與同業股價同步運動來猜測公司的真實資訊，因此同步運動與所有權集中有關。再根據「利益一致假說」，所有權集中可以使控制股東和小股東們之間的利益一致 (Grossman & Hart, 1980; Shleifer & Vishny, 1986, 1997; Mitton, 2002; Lins, 2003)，Mitton (2002) 研究 1997 年到 1998 年的亞洲金融風暴在股權高度集中下，股價表現越好。Gomes (2000) 曾論證股權高度集中可以在控制股東本來既有的聲譽下對債權人維持良好的信用承諾，如此不會剝奪小股東的利益，這說明股權集中可能鼓勵控制股東較樂於主動揭示較多較好的訊息而快速反應在股價上 (Grossman & Stiglitz, 1980)。在利益一致假說下，股權集中度越明顯，則股價同步運動的機會就越小。

在中國由於控制股東幾乎掌握整個公司的經營決策，也就是現金流量權與控制權高度偏離，因此較偏向於掠奪小股東財富假說，如此他們更有可能控制訊息的揭露，甚至直接干預管理流程，因此掠奪效果超過股東利益一致假說。當所有權集中程度超過一定程度，且股權的集中實質上被非官方機構所控制時，也有一種情形是控制股東的投票權不會再增加而現金流量權卻仍被掌握著，控制股東會盡量將現金流量轉為私有利得。

　　股權高度集中與不集中都會影響股價同步運動，呈現 U
型關係。在新興工業國家也很重視外資圈的動向，一般外資圈
多是熟練而專業的機構投資人，他們可能具有掌握特有資訊的
能力或分配經濟資源和蒐集與利益攸關的技能，且較小額投
資人會發掘公司特有資訊 (Kim & Cheong, 2015)。所有可以進
行流通股交易的中國上市公司，B 股市場是建立在 1991 年，
中國政府基於金融自由化的政策，將證券交易市場在上海證
券交易所與深圳證券交易所分為 A 股與 B 股兩類，其中 A 股
僅供本國人交易，B 股原本只限具有專業外資機構投資人資格
(qualified foreigner institutional investors) 的外國人投資。而外
國人要交易中國上市公司的股票必須經過中國證券監理委員
會審批通過，具備 QFII 資格。證監會在 2006 年開始讓外資圈
可以用人民幣投資 A 股，並且同意本國機構投資人 (qualified
domestic institutional investors, QDII) 取得審批資格後可以去投
資海外市場（包括香港），但是本國自然人尚不能到海外進行
金融商品的買賣。

　　而 H 股並非港股，是中國籍公司在香港上市，也只允許
香港境內與非香港籍的外國人可以投資中國在香港上市的公
司，H 股這三種股票的最大差別是在 1996 年到 2003 年這段
期間，若是申請 A 股上市的公司只要向中國證券監理會申報
依據國內會計準則 (domestic accounting standard, DAS) 的財
務報表即可。中國上市公司若要同步申請 A 股與 B 股或 H 股
上市，則需申報的是國際財務報告準則 (IFRS) 或香港一般公
認會計準則 (GAAP)，在香港上市必須交由四大會計師事務
所進行審查，這意味著香港的公司治理與 IFRS 所規定的財務

資訊揭露都較 DAS 爲嚴格而清楚。Chui & Kwok (1998) 以及
Chen, Firth & Kim (2002) 發現本國投資人與外國投資人會資訊
交換。A 股股東較外資圈能掌握較多的公司私有資訊,而外資
圈與財務資訊透明度及較低的資訊不對稱有關,因此一公司若
同時發行 A 股與 H 股或 B 股,其股價與同業同步運動的機率
將高於僅在 A 股上市的公司。

　　我們將以 Gul 等人所發表的所有權集中與股價同步運動之
間的關係圖來解釋(圖 9)。他們比較大股東持股的差別,由
低於 20%、20-30%、30-40%、40-50%、50-60%、60-70% 到
70% 以上。此圖描述出股價同步運動如何與股權集中度兩者
之間的關係,揭示大股東持股比例在 50% 以下與以上時,股
價同步運動都是逐漸增加的,形成一個倒 U 型關係圖。

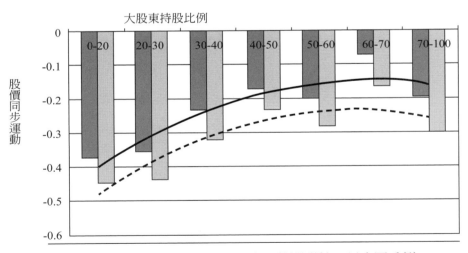

圖 9　股權結構與股價同步運動之間的關聯性,以中國爲例

資料來源:Gul, F. A., Kim, J. B., & Qiu, A. A. (2010). Ownership concentration,
　　　　　foreign shareholding, audit quality, and stock price synchronicity:
　　　　　Evidence from China. *Journal of Financial Economics*, 95(3), 425-
　　　　　442.

二、政府及公司決策高層的政治關聯

Hasan (2014) 他們認爲股權集中程度與股價同步運動的關係，應該也受到影響管理當局所在位置的省區所影響。Hasan 等人 (2014) 從生產基地的角度來分析，他們認爲在中國改革開放三十年之後，現代中國的法律體系的演進，地方政府可以根據法律來制定個別的條例，像是在 1995 年所制定的《國家賠償法》首度同意省民可以對地方政府求償，因而政黨與政府越發積極參與全國人民大會以強化個別省分條例的確立。很多法律專家如法官、律師，他們都會投入立法工作，分別追求各省條規的品質。各省在針對投資人保護上的法律與政治制度都大爲不同，因此在不同的省分之間，對智慧財產權的保障程度並不一致，且法律所規範的程度也有籠統到明確的程度區別，所以即便是相同產業的股價也有可能不會同步運動，這種變異是來自於法律環境及政治開放程度的差別。換句話說，若給定機構投資人願意支付資訊蒐集成本來蒐集私有資訊，但處在對投資人保護較差的省區，公司內部人榨取內部資源而造成公司特有資訊卻不易讓外界取得正確評價的資訊，且風險造成套利者的損失機會大於期望報酬，以及即便是資訊充分揭露，但省區對投資人保護的法律不夠周延，較強勢的管理者仍然會遮蔽他圖利自我的訊息。

Hasan 等人 (2014) 提出政治多元化程度越高，則蒐集與政治有關的私有資訊便越少，而股價同步運動會增加，此乃是因爲省級結構中容納更多的非共產黨人參與立法活動，則越容易激勵大股東監督公司的決策以減少不確定性和提高資訊透明程度。相對而言，公司若有較多的公營機構持股，在政治不夠多元下，會造成資訊不對稱且管理者越加怠惰，如此榨取公司內

部資源以圖利自己的情況就嚴重多了，反而是有機構投資人的股權結構可以減少這種現象。機構效應可以用來解釋第一章所提及的台灣高鐵股價異常波動的現象。

第四節　資訊環境與個股報酬變異

一、分析師盈餘預測誤差

　　個股報酬變異是股價同步運動的反義詞，造成個股報酬變異的原因之一可能是在評估合理股價時，對未來盈餘難以合理估計，有些論文認為股價變動與現在和未來盈餘有關 (Ball & Brown, 1968; Beaver et al., 1979)，當然股價若與未來盈餘有關，就可以從分析師對盈餘的預測是否有誤差來判斷資訊可得的程度。產業分析師在控制股東和小股東之間常扮演的是訊息中介的角色，他們所具有的專業知識與對產業動向的掌握，很容易從每月的產業貿易公告與營運資訊去判斷股價運動方向，因此值得讓人有更多的信任，得到更多公司的訊息。一個公司的股價同步運動現象減少代表仍是反應個股報酬變異，此時個股報酬變異就有賴於財務分析師的角色（Bushman 等人，2005），更多透明度資訊 (Jin & Myers, 2006) 和財務報表的自主揭露 (Hutton et al., 2009; Kim & Shi, 2012)。

　　分析師對盈餘的預測也與新興工業國家對智慧財產權的保護程度有關，若保護程度較差，會造成套利者套利風險提高，因而在利用訊息交易的意願降低下，將公司特有資訊與以評價而發現合理股價的意願也就降低，則公司個股報酬變異也就減少，這時候投資人便樂於從擁有對產業更為了解的分析師那裡以產業市場資訊來推估公司特有資訊。

二、稽核品質

　　稽核品質是一種可以去偵測和記錄財務報表資訊失誤的機率值，高品質的內部稽核是有能力要求客戶揭露財務報表完整資訊，並產生對投資人投資上的保護，如果公司的財報資訊品質越可信任，則被管理高層遮蔽的資訊就越少，因此一個稽核品質越差的公司，所掌握的私有資訊越多，則股價同步運動就越少。內部稽核師扮演一個重要的角色，就是能減緩內部人與外部投資人之間資訊不對稱的程度，並增進財務報表上的資訊內涵品質，公司有高品質的稽核師可以讓人感受到更多可信度，有好的公司財務資訊品質和投資人保護，因此公司有獨特的股價走勢，不會出現股價同步運動。Gul et al. (2010) 推論稽核品質較高的公司相較於稽核品質較低的公司，其產業內股價同步運動會越明確。

　　審計準則公報第五十八號「查核報告中關鍵查核事項之溝通」，係會計研究發展基金會審計準則委員會參考國際審計準則之 ISA701，增訂審計準則於 2018 年 7 月 1 日生效，旨在提升查核報告的透明度和資訊性，使預期使用者能夠更深入地了解查核過程和結果。該公報要求會計師在查核報告中溝通關鍵查核事項，即對受查者財務報表最為重要的事項。溝通關鍵事項之目的主要是提高查核報告的透明度和資訊性。溝通關鍵事項可以使預期使用者更深入地了解查核過程和結果，從而提高對查核報告的信任度、幫助預期使用者評估受查者財務報表的可靠性。關鍵查核事項是對受查者財務報表最為重要的事項，因此可以幫助預期使用者評估財務報表的可靠性。溝通關鍵事項是提升查核報告品質的重要措施，但也會帶來一些潛在的風

險。例如，如果溝通的關鍵查核事項存在誤導性或不完整性，可能會導致股價出現異常波動。因此許多學者主張溝通關鍵事項的稽核品質會影響到個股報酬變異，若個股報酬變異度越大則股價同步運動的可能性就越低。

國際財務報導準則 (IFRS) 是一套國際會計準則，旨在提高不同國家和地區企業的財務報表可比性。IFRS 對資訊環境的影響常易於將公司特有的訊息多反應在股價上，這時公司較不反應產業相關訊息，IFRS 制度可以減少稽核師處理棘手的財報資訊揭露問題，但這也符合讓分析師對個別公司的預測正確而股價同步運動的可能性就降低了。IFRS m3 是 IFRS 第 3 號公報，對企業的商業組合進行了重大修訂。IFRS m3 規定，企業在進行商業組合時，應將被收購企業的所有資產和負債按公允價值進行計量。這一規定將導致企業在進行商業組合時產生大量的商譽。商譽是一項無形資產，其價值在未來可能會發生重大減損。商譽減損可能會對企業的個股報酬產生重大影響。如果企業的商譽減損額度較大，則可能會導致企業的淨利潤減少，從而降低企業的股價。

三、研發政策

研發政策在公司的訊息發布上受限於商業祕密而未充分揭露以至於造成資訊不對稱，當然研發支出削減的資訊可得性，處在公司生命週期的成熟期以後或同業外溢效果所造成，使得分析師盈餘預測的誤差增加 (Yu, 2008)。固然有人認為公司治理對研發支出直接的影響是改善產品市場的競爭狀況 (Liao & Lin, 2015)，並未提及研發投資的資訊可得性，我探討研發支出突然減少，公司不會主動揭露，也就是資訊可得性不高，

而投資人無法求知研發支出突然減少的因素，尤其是在成本屬性上，研發支出的成本屬性也不易歸屬在不同產品的成本細項上，更難論定對公司價值與生產力的影響。有些學者認為研發支出削減是一種訊號，會減損公司價值 (Ciftci & Cready, 2011; Hall, 1993; Lev & Sougiannis, 1996)，可能出自於管理者操縱盈餘，為了滿足短期盈餘目標的達成而刪奪長期研發支出。「公司生命週期假說」提及當公司步入成熟期階段時，研發支出會主動削減，或「同業外溢效果假說」指出管理者固然提列高額研發支出，但有可能執行期間遇到同業的研發成功，而減少研發支出。

　　從公司生命週期假說解釋來看，研發投資減少等於是減少公司的成長選擇權，而公司獲利能力也有衰弱的可能，這與過度投資所造成減少支出的概念是相同的，但是資金成本的變化便關係到公司是否經由減少支出而求降低風險的補貼 (Barth, Konchitchki & Landsman, 2013; Berk, Green & Naik, 1999; Carlson, Fish & Ginmmanino, 2004)，若以公司進入成長趨緩的時期來看，研發支出削減對未來長期股價報酬的影響有可能是正面作用的。Grullon & Michaely (2004) 就發現實施庫藏股的公司會削減研發支出和資本支出以避開過度投資的問題，這顯示公司在步入成熟期時，會透露資產重組的訊息，但並不會對外揭示研發支出削減的政策，並且確證 Jensen (1986) 的理論，認為研發投資未必對股東財富有益。看似有助於提高公司生產力及經營績效，但研發支出增加越多，則當期盈餘便會減少，管理者會利用較差的投資計畫來抵銷研發投入的使用效率，其實是作為短期利益的調整，如此變成管理者獨享的私有資訊 (Liao & Lin, 2017)。因此資訊可得性反應在對股價的影響速度

減慢，造成不清楚削減之目的是爲了盈餘提高或對長期前景的政策起於保守 (Chan et al., 2001)。

　　而直接顯示在分析師對盈餘預測與正確盈餘之間的偏誤越大，若快速反應在股價上會形成股價不同步運動的現象。一般而言，分析師盈餘預測誤差越大，越表示每位專家所掌握的資訊具有不對稱的現象。外溢效果假說指出研發支出削減雖有助於短期的公司績效，長期而言對公司價值可能是負面影響的。Robinson (2008) 認爲研發策略聯盟起於公司本身能力受限而合作有助於研發成功，其好處是研發投入可以減少，但所實現的效益卻要分享給參與者，高研發密集產業的公司若開始採購研發知識而減少支出，若未及時反應在股價上，這種反應速度太慢，有可能是正享受外溢效果，短期內出現股價同步運動但長期未必有利於股價 (Ferreira, Manson & Silva, 2012)。因而研發支出削減就是公司在採取成長選擇權時因爲各種不同因素對股價產生的可能反應 (Aboody & Lev, 2000)，所以減少支出的資訊不會及時傳到股價上，形成短期同步運動的假象。Chan & Hameed (2006) 認爲分析師盈餘預測誤差與資訊可得性有關，若預測誤差越大時股價同步運動越小，所以研發支出削減造成資訊不對稱現象加重時，也會與預測誤差一樣造成股價同步運動的負面作用。

四、大量交易

　　Morck, Young & Yu (2000) 就表示由於高經濟成長所帶來的資本分配無效率，造成中國被視爲是一個個股報酬變異較差而高股價同步運動的國家，而這些年來，中外投資人與中國政府有關單位卻覺得經濟效益的追求遠大於經濟成長的重要性，

中國在股權分置改革之後，非流通股若要在次級市場交易，常被視爲並不單純的國有股大型買賣，而中國的大量買賣交易系統無論是在上海證券交易所或是深圳證券交易所執行，都是早盤收盤後進行，因此收盤價格成爲一個買賣指標，若盤後有買賣雙方進行申報，那就會引起關注。大量交易申報的資訊會造成股價波動，意味大量交易本身就是一個低成本的資訊釋放，尤其若是採取配對交易，則多半代表買賣雙方都談好了，就不需要花時間在股票市場上慢慢買進（吃貨）或賣出（倒貨）。

在台灣目前的制度上，大量交易可分成鉅額交易與大量交易兩種類型，而鉅額交易又可分成二種情況：其一是同一券商申報同組買進及賣出或顯著不同券商進行同組配對買賣的，經過數量、價格同步配對撮合之配對交易；另一種是逐筆交易，其方式與一般證券之逐筆交易相同，但申報數量達五百張股票，或一次申報買進賣出總金額在一千五百萬元新台幣以上卻少於五百張股票的。逐筆交易的時間爲早上九點到下午五點，且逐筆大量敲進報價系統後，只要是價格優先（高於其他買盤及低於其他賣盤）可優先成交（賣出者由賣出接近大量買進之底價依序向高價成交，或買進者由買進接近大量賣出之高價依序向低價成交），Easley & O'Hara (1987) 認爲大量交易是消息靈通者所爲。

大量交易並非完全會進行鉅額買賣，因爲超過五百張以上的一次配對交易（時間從盤前早上八點開始到八點半，下午直到五點爲止）必須先經由券商作業，買賣雙方大多已達到交易的合意，因此任何資訊都不會保留，將會快速反應在當天的股價上。但利用多個戶頭進行盤中多次重複下單的交易，使得當

天出現長期以來相對爆量的交易，如圖 10 所示，2022 年 10
月 28 日不單只是建達與偉詮電出現大量交易，當天台灣證券
交易所股價加權指數爲 12,788.42 且下跌 137.95 點，市場總成
交金額爲 1,772.5 億，屬於兩年以來低量。

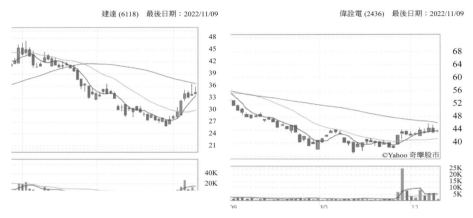

圖 10　建達與偉詮電在 2022 年 10 月 28 日出現大量交易

　　大量交易典型地有傳送內部消息給外部知悉的意義，但這
訊息與購併、交換持股等的配對交易意義大不相同。如果是股
價上漲階段的初升期，意味傳遞訊息給市場作手，讓市場作手
判斷並非內部關係人之間持股做調整，且透過多個戶頭重複多
次交易，也是要避開政府追查是否有內線交易的可能。此外，
可能盤後的鉅額交易正要執行，在盤中大量交易等於是已知盤
後即將要鉅額交易買賣，如此盤中再加盤後的交易等於是讓市
場更外圍的投資人注意到這家公司股價的未來可能狀況，進行
有利於己的操作，如大量交易後股價下跌是暗示股價偏高，或
股價大漲後是暗示其後的利多狀況。

　　大量交易是相對於雜訊交易的反論，就是如果大量交易會增加股價同步運動，則雜訊交易就會增進個股報酬變異。常見的雜訊交易就是集中很多搶帽客所做的無本當沖活動，早在 1972 年的時候，Kraus & Stoll (1972) 的研究便發現大量買進會造成價格持續上揚，但大量賣出對價格持續下跌的影響不高，且機構投資人若採取大量買進時，因為交易的模式是整批買進，所以其效果遜於市場主力單押一檔股票。大量交易對股價的長期趨勢改變提出看法的有兩派，其一是指股價因求過於供下所產生的需求無彈性，其二是資訊因素。如果個股報酬變異與私有資訊有關，則運用大量買進交易將使股價缺乏需求彈性，以至於價格產生永久性變化，或者是，運用大量交易來傳遞訊息給賣方，讓他們不要壓低價格賣出。

　　Meng 等人 (2020) 主張大量交易對公司特有資訊反應在股價上是有重要的影響，而 Pan & Zhu (2015) 的論點是說只要股價同步運動越差時顯示股價越具備資訊可得性，因此大量交易就否定了雜訊交易，而對個股報酬有較多的影響。在 Saar (2001) 所建立的模型之中，他認為機構投資人是以投資報酬率最大化為目標的，當機構投資人發現組合中的個股沒有更好的前景而其他公司卻有這種前景時，他們會選擇調節股價看來偏貴的個股，買進股價看起來偏低的，而這種投資轉變若被市場投資人看見將會採取大量買進的動作，使得整個股票的要賣減少、要買反而大幅度增加。

　　僅以圖 11 為例，雅博在 2022 年 12 月 7 日出現大量交易，大量單掛漲停板求購，推論有強大的內線資訊並未揭露，12 月 9 日再度出現開盤漲停，這時候成交量大幅度減少，但

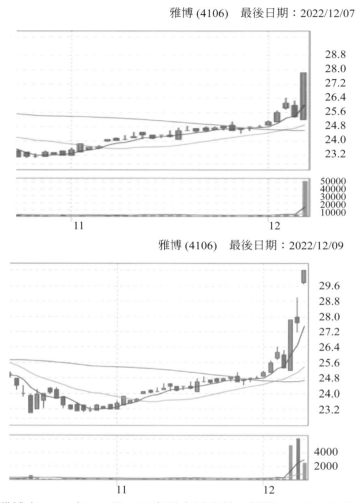

圖 11　雅博在 2022 年 12 月 7 日出現大量交易，經過 12 月 8 日整理後，12
　　　 月 9 日再度漲停

是股價維持整天都是漲停板。依據 Saar (2001) 的模型來解釋
這個現象，他認為買賣雙方各有看空和看多的資訊，一旦看多
的資訊較可靠且將無法隱藏時，做多者會積極以較大單量進場
買進，吸引市場注意，並期望看空者縮手或買回空單，如此有

助於股價長期持續上漲。不過我的看法是，許多公司股票不如預期下跌，公司派可能會採取庫藏股買回的方式，但也有可能透過有經驗的投資顧問公司先在市場以多個人頭戶分批分時逐步少量買回，直到約定之日以大量換手的方式將股票賣回給公司，也就是左手換右手。

　　這種轉手時程的安排必然會選在市場較多投資人關注的時候，有時候，內部人有可能在前一波交易時於高檔套牢了，因此採用這種方式的優點是不像買回庫藏股那樣需事先宣告，也就不必要去設定執行時間或買回達成率。而股價一旦漲停，所造成的追價效果會大於市場早已知道要買回庫藏股的反應。雅博公司曾經於新冠病毒之 Delta 在台灣爆發時，由 28 元大漲到 40 多元，後來有一年多的時間都不再反應任何疫情變化。當股價拉回整理，怎麼做多都套牢，依據 Nagel (2005) 的推估，至少要 10 個月以上才會出現大量交易，那時才是換手解套的起點。

第五節　專門機構歸類形成的指數型同步運動

　　環境、企業社會責任與公司治理所形成的永續價值，成為新型態的股價同步運動所討論的對象。過去強調公司治理以維護股東群利益以及權益代理問題，要注意經理人對公司財富的掠奪行為與大股東給予管理者特權使用，換取壓榨小股東之利益。近年來更進一步擴大討論企業應以參與社會、環境保護與永續發展為基礎，再追求股東價值最大化。中國在 2008 年 12 月要求深滬兩市上市公司必須撰寫 CSR 報告書，台灣自 2019 年開始要求資本額達 50 億元以上的企業要編寫 CSR 報告書，

並在公開資訊觀測站申報，根據公司治理中心的統計，在 111
年度有 439 家上市櫃公司申報。ESG 的 E 係指對環境的關心
程度，如考慮環境汙染防治與控制，S 則是對社會的影響與貢
獻，包括勞工的工作條件等；而 G 代表本身的公司治理，即
強調公司內部控管規劃得宜與揭露資訊的透明度。

　　就有學者認為與其按照各種績效指標來探討個股報酬變
異，未若研究造成股價同步運動的共同因子，而 ESG 就是
值得推敲的，像是企業社會責任報告書，即是以揭露企業的
品牌價值和展望，而且某些產業的社會目標和永續經營將會
相當一致，不易遮蔽，因此開始建構社會責任投資 (socially
responsible investment) 指數，納入相對重要企業社會責任的公
司與其他不重視之企業相比較。Chan & Walter (2014) 就提出
短期績效不佳假說，認為在短期內，願意支付對環境改善成本
的公司其報酬會較不支出之公司較低，所以市場報酬率會較
小，同時也提出長期績效較佳假說，認為社會責任不只可以滿
足投資人所追求之資本利得，亦可達到企業對社會與環境之保
護的義務與責任，所以針對 SRI 的投資可以讓長期投資人得
到穩定且獲利之方法。

　　因此，漸漸有許多投資人認為建構永續投資組合去分類哪
些公司需要較高的 ESG 投入，哪些公司不用，就可以找出其
同步運動的關聯性。而有些學者認為企業社會責任是一種財務
行為 (Loannou & Serafeim, 2015)，也有人認為社會責任是一
種使命，相較於財務資訊較透明（Davis 等人，2016）、較不
易於進行盈餘管理（Chatterij 等人，2016）。當然，這種指標
建立，對銀行來說是成本較低，但形象的幫助最大，有助於提

高投資人的信心。投入 ESG 成本較多的公司是否會產生彼此之間的外溢效果，享有關聯度較高的同步運動，這是值得討論的課題。投入社會責任的企業，其資訊對競爭優勢的維持可能無濟於事，但都有助於重新評定股價，因為 ESG 是全球普遍關注的議題，有進行 ESG 的公司較易受外資注目，外資也不會只看公司的財務資訊。

在 ESG 的最新研究中，有人認為「海歸派」，也就是曾在歐美留學或工作的執行長，較易於接受永續價值，因此決策上會有趨同性，例如較追求企業的長期維持和善盡企業社會責任（Giannetti 等人，2015；Iliev & Roth, 2022；Jiang 等人，2022；Zhang 等人，2018；Conyon 等人，2013）。Wen & Song (2017) 就認為海歸派加上對永續價值的投入，這樣強的訊號與國營事業和內需型公司相區分，會促成股價同步運動。Eccles 等人 (2014) 先探討高永續發展公司之會計績效與市場績效是優於低永續發展的公司。Khan 等人 (2016) 則列出實質有改善 ESG 這些公司股價相對於非實質改善 ESG 公司股價之表現，證實其表現為佳時也間接推論有同步運動。

論者認為善盡社會責任與好的公司治理，以及注重環境保護的公司，就是有好的品質。他們可以資訊透明並且減少管理者堆積私有資訊造成內線交易，為了維持競爭優勢會盡力去改善產品，得到高績效的形象，這種公司對投資人來說是只有公司特有風險的；相對於若 ESG 報告書只是一種表態，隱含著一種逆選擇的行為。企業本身未能充分揭露內部真實情況，所有的 CSR 報告書都出於自利心動機，為了美譽做出一些討好投資人的資料，他們揭露品質不佳，喜歡引入讜論而並不交代

清楚公司的執行成效，如此這類的公司湊在一起，會產生同步運動。

又可以根據從 CSR 報告書所揭露品質的客觀性與自主性來觀察，通常政府規定應揭露的內容都偏向於標準化與制式的資訊揭露，雖然制式揭露可以解決資訊合宜的問題，但都並不精緻，也很難小心地檢查出每個公司的差異以至於容易失去客觀性。所以標準化的難題是品質無法抓牢，而自願性揭露與企業文化上的積極處理有很大的關係，包括倫理、道德感、利他主義，且自動揭露公司的非財務資訊將會迎來市場投資人的好評並增強企業形象，較易於與實現社會責任搭配，而且若注意形象與聲譽，就較會去為了與投資人維持關係並解決可能的法律風險和積累盈餘並維持競爭優勢。尤其是敢於自動揭露的公司，其經營績效、關注投資人利益和對永續價值的維持都會優於不願自願揭露的公司，所以自願揭露 CSR 報告書的公司股價不會有同步運動，不願自願揭露的公司會有股價同步運動。

第三章

內線交易測度
(Probability of informed trading)

內線交易測度多半發生在公司有獨特的資訊而市場投資人沒有，這是一種資訊不對稱現象，股票交易市場最常見的現象就是資訊不對稱的問題。自 Bagehot (1971) 開始，他們為了理解市場交易對股價異常報酬的影響，於是先將市場交易者簡單區分為內線消息受領人或持有者及雜訊交易者兩種。內線消息受領人泛指可輕易取得對於公司經營好壞情況訊息的人，包括辦公人員、董事們和持股大於百分之十以上的股東，他們的交易成本較雜訊交易者為低，而雜訊交易者一般都必須支付交易成本以取得訊息，但對消息的知悉可能落後很久，既無法較易取得消息利益，有可能支付較高的取得成本而需等候很長的時間才能實現獲利或並無利益可能。

第一節　內線消息的到達

Kim & Stoll (2014) 指出如果消息已經公開揭露，大多數投資人都能確切知道合理股價，其波動度自然較少，但若股價向上波動是因為有投資人在消息未公開前不計代價買入持有，或是預期狀況很糟，先行賣出以預防資產縮水，這都會造成交易一面倒的現象 (trading imbalance)，這意味是有內線交易，當然股價一面倒也不排除是單純的流動性需求，像是三大投資機構納入指數後的建倉活動。許多內線交易的產生乃是因為管理者所制定的決策對股價有深遠的影響，例如本來採取向銀行或一般投資人舉債的籌措營運資金的活動要改成由大股東出售股票來為公司籌錢，這隱含著公司即將改變籌資的順位，以現金增資替代債務融資。現金增資有時被視作是管理者睿智擇時理財的決策，因為遇到較多的市場投資人志願買股票，但景氣

前景看好，以至於流通在外的股票相對變少了，在學理上也被稱之為「熱市現象」(hot market)。

　　假設剛開始知曉此熱市者為少數人，一般察覺此一訊號的人群尚不會進場收購股票以建立倉位，因為仍有許多變數。可是隨著時機逐漸成熟，買進的股票數量越多，被賣出的每筆單位數量越少，這個資訊集持續地被傳播給外部人，這種內線交易資訊的到達開始促動股價報酬的增加，對於任何一個奢求賺取內線交易利益的人來說，資本利得成長的倍數將大於長期持有因而產生的股利分配還要來得多。如此當股價在反覆運動的過程中，會造成投資人的市場共識 (market sentiment)，進而促進持有股票的過度自信。早在 1997 年，Bettis 等人 (1997) 便認為外部人可以經由研究公司高層大量交易的行為來分析已公開資訊的可靠程度，進而賺取超額報酬，或賺到交易成本。

　　以 Easley 等人 (2002) 認為資訊風險起因於有些投資人持有公司的內部消息，當資訊風險較高時，擁有內線消息的投資人會基於套利動機，對高資訊風險的股票進行密集交易，也就是將一筆大單交易改成小單多筆高頻交易，透過價格波動將股票掃到雜訊交易者手中，達成價差套利以創造更多財富。內線交易有時也是因為公司做了某項利多決策，市場投資人錯誤的解讀並未實質造成股價上揚，他們開始密集高頻率交易，在被視為有內線消息到達之日的成交量變化是少量多單密集交易且賣方驅動走勢，造成股價飆漲引起市場投資人的關注。

　　Collin-Dufresne & Vyacheslav Fos (2015) 運用 Amihud (2002) 的反流動性衡量發現，被觀察可能有內線消息到達之日減少了當日沖銷成交量超過 45%，且當日市場報酬顯著地增

加。Avramov 等人 (2006) 有趣地描繪，當股價重挫時，雜訊交易的殺跌行為使向下波動加劇，而當股價見回不回時，內線交易者會使股價波動降低。內部人交易採較廣域的定義，可包括高階管理者、董事會的人擁有大於等於 10% 股權的大股東。所以 Lakonishok & Lee (2001) 就針對內部人釋股與其後股價崩盤風險及買回自家股票後與其後股價負報酬做一個比較，他們的發現與 Seyhun (1988, 1998) 一致，就是大買於崩盤之前、大買於大跌之後，這顯然是一種反向交易策略，內部人的市場擇時能力也許高於機構投資人。Bushman, Piotroski & Smith (2005) 比較分析師的股票推薦與內線消息的到達，主張分析師只能掌握已知的情報來做投資時機的研判，未若內部人出手買賣股票的時間精準和確實掌握精準的資訊，因為分析師只是拿著行動裝置 (showcasing devices) 來推薦股票，因此要達到掌握資訊品質的方式，還是要觀察內線消息的到達。

最早進行內線交易的測度是由 Easley, Hvidkjaer & O'Hara 在 2002 年所提出來的，Easley 等人 (1996) 發展一個內線交易的機率測度模型 (probability of informed trading, PIN)，有助於學者知道內線消息到達對股價影響的程度。這個模型認為在市場微結構 (market microstructure) 的領域中，內線消息受領人在利用限價單 (limit order book)、盤面上下五檔 (display book) 與成交單 (trade book)，透過公式可以估算出有多少比例的下單量來自於消息知悉者的進場操作。這個模型是由 Easley、Kiefer、O'Hara 與 Paperman 四位學者所共同提出的，因此也被稱之為 PIN 的 EKOP 模型。

Madhavan (2000) 及 Biais, Glosten & Spatt (2005) 等人對

資訊揭露的判斷是當資訊透明度被定義為交易機制中委託與成交資訊的揭露程度時，委託檔次的筆數與單量可視為事前透明度 (ex-ante transparency)，而成交檔次筆數與單量的揭露，便可視為事後透明度 (ex-post transparency)。資訊透明度的衡量主要參考「透明度提升會減少市場參與者反淘汰的程度」、「買賣價差縮小」(bid-ask spread)，提升市場流動性與消息受領人及雜訊交易者的資訊不對稱。圖 12 是用來描述 EKOP 模型的邏輯推論，它分成兩個部分，一個是有內線消息的情況（α，被稱為資訊事件發生機率），一個是完全沒有內線消息的情況（$1-\alpha$，被稱為資訊事件未發生機率），而內線消息可區分為壞消息（負面訊息，給定發生機率為 δ），好消息（正面訊息，給定發生機率為 $1-\delta$）則在壞消息的條件下，會優先賣出的到達率為 $\mu + \varepsilon_s$，而雜訊交易者會進場買進者，其機率為 ε_b；同樣地，在好消息的條件下，知悉者搶先買入的到達率為 ε_s（連同雜訊交易者的買單），而雜訊賣單量的到達率為 $\mu + \varepsilon_b$。EKOP 所形成的模型可簡化如下式：

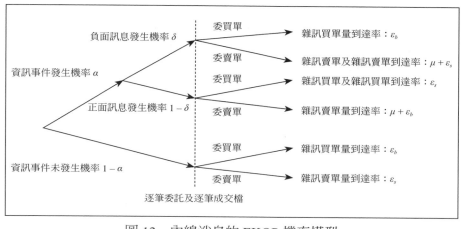

圖 12 內線消息的 EKOP 機率模型

$$PIN = \frac{\alpha\mu}{\alpha\mu + 2\varepsilon} \qquad\qquad (3)$$

公式 (3) 所代表的意思是雜訊交易者不管有沒有內線消息都會去買賣股票，因此是兩個 ε 相加，而消息受領人面對有內線好消息時，所進行的買進動作爲 $\alpha\mu(1-\delta)$，壞消息傳達的賣出行爲是 $\alpha\mu\delta$，則可求得 $\alpha\mu$，這代表市場上有內線消息的單位時間平均委託單交易數量除以全部的單位時間平均委託單的交易數量。根據 EKOP (1996) 的理論，在某時間點上任一檔股票的成交率中由具有內線消息的市場主力，他們的內線消息可得機率係他們出價買賣的成交單占所有成交單的比例。

Lei & Wu (2005) 延續 EKOP 的模型，認爲影響內線交易的主要因素是私有資訊的可靠度、內線交易可獲利的可能性與證管機構無舉證的能力，如果監管機構的能力足以杜絕內線交易，則內部知情人運用私有資訊炒作股價的機率便大爲降低，可是另一種情況是藉由假的私有資訊炒作股價，但因非眞實資訊，就不構成內線交易了。

於是 Bhattacharya 等人 (2000) 從墨西哥股市的考證中發現，在消息公開揭露前，股價會先行反應內線消息，因此放空分析師 (sell-side analysts) 多會選擇在消息揭露後執行放空。放空分析師像是偵探一樣，長期蒐集各家公司大股東的交易動向，如果發生持續買入股票的情況（一般遇到利空是一次全面性大量賣出的），他們若發現後就會等到消息公開揭露時，採取大量放空的策略，但要執行得好，仍是有選擇時機上的壓力。

　　Foster & Viswanathan (1994) 主張內線消息的到達是消息受領人利用訊息的對外傳播以逐步提高流動性，俾能補充流動性缺口，Aktas et al. (2007) 認為，內線消息的到達可以分為兩個階段：第一階段，消息的產生。在第一階段，內線消息的產生可以是主動的，也可以是被動的。主動的內線消息是指內線人故意將內部資訊洩露給他人。被動的內線消息是指內部資訊在不知情的情況下被洩露。第二階段：消息的傳播。在第二階段，內部資訊從內線人傳播到交易者。內部資訊的傳播可以透過多種渠道，包括面對面的交流、電話、電子郵件等電子通訊方式、社交媒體與其他非正式渠道。Aktas et al. (2007) 的模型認為，內部資訊的傳播速度取決於以下因素：消息的敏感性，敏感性高的內部資訊更容易引起交易者的注意，因此傳播速度也更快，消息價值高的內部資訊更有可能被交易者購買，內線人與交易者關係越密切，內部資訊的傳播速度就越快。Aktas et al. (2007) 與 Aslan 等人 (2011) 的研究結果表明，內部資訊的到達速度可以影響交易者的交易行為。當內部資訊到達速度快時，交易者更有可能在資訊披露之前進行交易，因此更容易獲利。

　　在理論上，周轉率被視為是內線消息的到達之代理變數，當然一些文獻認為周轉率與內線消息二者之間是無關的，例如由於大股東之間的意見分歧使得周轉率暴增 (Kandel & Pearson, 1995; Banerjee & Kremer, 2010)。周轉率也可能與日曆效果 (calendar effects) 有關，因為投資人考量到降低交易成本而選定某些特定的日子來進行交易 (Admati & Pfleiderer, 1988)，尤其是，因為投資組合的內容調整、稅的問題等

(Lakonishok & Smidt, 1986; Lo & Wang, 2000)。有些學者是以買賣價差作爲內線消息的到達之代理變數 (Bagehot, 1971)，及 Jaffe & Winkler (1976)、Amihud & Medelson (1986) 主張當價差擴大時，市場投資人會利用高波動度來創造股價超常報酬，他們認爲內線消息到達之時市場流動性並不結構化，當日沖銷的搶帽客明顯可持續地獲利卻偏愛短線交易，至成交量在這一段時日內擴增，但若仔細推敲都是以當日沖銷的未存倉量爲主，即便是當日沖銷創造了連續密集的較高成交量，可是仍未被解讀是內線消息的到達。

圖 13 以艾克森美孚石油公司買賣委託流量的模擬與已成交的散布圖來說明內線消息的到達，進而闡述 PIN 模型的優缺點。其中分圖 A 和分圖 B 分別代表艾克森美孚石油在 1993 年與 2012 年的模擬與已實現的委託流量，在水平軸上爲委買量，在垂直軸上委賣量。在圖內的符號上，「+」被定義爲已實現資料，而底色圖案爲模擬資料，根據一個合併 PIN 與周轉率共同使用的模型，洋紅小點代表有較高程度的內線消息之到達，而青綠色小點代表有較低程度的內線消息的到達。分圖 C 和分圖 D 爲艾克森美孚單獨以周轉率來衡量內線消息的到達，其垂直線爲每日周轉率的年平均數。分圖中的資訊可以看到有三個不同集群，而其中兩個具有相對較大的委託流量不平衡，顯示較大數目的委賣（買）時相對應也顯示較小數目之委買（賣）單，我們便推論爲內線消息發酵之日，所以若沒有較大的委託流量不平衡就不算是內線消息到達之日。但從已成交的資料來看，都沒有很明顯的委託流量不平衡的狀態，直徑可作爲買賣量的差異，而分圖 A 與分圖 B 中的虛線也代表當發

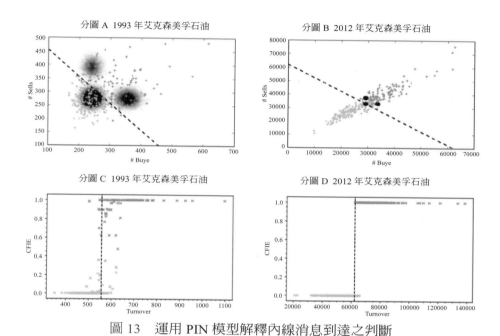

圖 13　運用 PIN 模型解釋內線消息到達之判斷

資料來源：Duarte, J., Hu, E., & Young, L. (2017). Does the PIN model mis-
identify private information and if so, what are our alternatives.
Working paper.

生委託流量不平衡時，有較高周轉率的現象。不過這張圖並無
法解釋是否內線消息到達之同時，例如市場的交投本就熱絡，
以至於有無內線消息也無所謂。不過這張圖仍能解釋有內線交
易的時候流動性較沒有內線交易的日子來得大很多。

　　Hasbrouck (1988, 1991a, b) 指出，自營商的持股調整時考
慮的是庫存量的壓力與否，他們的增量賣出未必與內線消息有
關，可是卻易於與因內線消息而增加的流動性被混淆在一起，
想要了解資訊不對稱在股票市場上對市場流動性的影響，最好
是採取跨日或隔夜市場報酬來觀察，因為跨日或隔夜市場報酬

是包括了兩個交易日（前一營業日收盤與次一營業日開盤），大量交易的資訊多半是出現在集合競價的時段。所以運用資訊交易機率模型基本上需先符合兩個假說，其一為「內線交易充分揭露假說」，其二為「與股價反轉無關假說」，前者是指內線消息的到達對後來股價的變化並沒有明確的關係。

Brennan 等人 (2015) 便運用事件研究法的設計，將好消息與壞消息先行判定後，再以事件窗口來設定其高頻率交易的次數，估計內線交易到達的情況。而後者是指內線消息的到達對後來股價的變化並沒有明確的關係。如 Gan 等人 (2014) 指出，委託流量的分布對內線消息的傳達在股價波動上並不顯著，可能是某些內線資訊已經被分批洩露在各種媒體管道上。

關於內線消息的到達，可以世紀鋼 (9958) 為例。雖然由於民進黨政府廢核四與風力發電的需求，股市業內早在 2017 年 12 月便關注到一檔股價只有 15 元的世紀鋼鐵，我的學生賴俊成先生正是世紀鋼鐵的少東，早在 2017 年 12 月 6 日，我便看見他在臉書上分享一則由非凡電視台製作的節目，報導世紀鋼鐵轉型成為風力發電的公司，其影片前頭更有台船廠長郭坤成講解風機的未來需求量以及世紀鋼鐵董事長賴文祥接受訪問，大談世紀鋼鐵進行風機製造的前景。從 2017 年 12 月 6 日開始到 2018 年 2 月 7 日，我在投資群組中討論世紀鋼鐵股價大幅度上漲時，可發現股價已從 14 元上漲到 54.8 元，這樣的漲幅，其實是在內線消息早已公開後的漲幅，因此非常符合「與股價反轉無關假說」。

Ruffin Wang
2018年2月7日・桃園區

都買一張,除了世紀鋼以外
榮創多買幾張,拚解套和賺,解套後也留現股一張,以前有教

股名	價位	漲跌	%	量(張)
3317尼克森	40.45 ⬆	2.15	5.61%	1,949
3437榮創	33.60 ⬆	1.55	4.84%	851
3540曜越	31.15 ⬆	1.05	3.49%	2,097
6188廣明	28.85 ⬆	0.60	2.12%	570
9958世紀鋼	54.80 ⬆	2.60	4.98%	18,714

圖 14 2018 年 2 月 7 日在「飆股即時放送」社群的記錄

　　而周轉率的變動也會對內線消息的到達產生誤判,如 Stickel & Verrecchia (1994) 曾論述當市場低成交量時較與價格變動無關,而高成交量才能被視爲是訊息傳達的指標。因此周轉率的高低與內線消息之間是否有關,對誤判就會產生影響。因爲縱使內線交易測度可以周轉率來代表內線消息對市場傳送的程度,仍然有可能會是一種方法論上之謬誤。

　　Duarte, Hu & Yung (2017) 認爲 Easley 等多位學者所提出來的測驗方式有一些缺點,如曾經有人評論說市場投資人並不在意股價長期運動的過程,只在乎股價於具有內線消息下進行劇烈的調整,而這個調整過程被技術專家所掌握 (Vega, 2006),也有人認爲不能忽視一種反淘汰現象,公司決策者常

會根據股價運動而進行某些令人吃驚的決策，如看到股價大漲後尋求現金增資來充實營運資金或償還借款 (Chen, Goldstein & Jiang, 2007)，這反而不是內線消息造成股價的變動。Cohen, Malloy & Pomorski (2012) 指出並非內部人持有內線消息時會先進場買進持有股票，有時為了規避內線交易的處罰，反而會先故意釋出訊息後再進場買股票，如此可以免除當擁有內線利益時，所遇到被行使歸入權的罰則。他們記錄了安海斯─布希 (Anheuser-Busch) 與金寶湯格 (Campbell Taggart) 在 1982 年的購併違法內線交易案，他們發現內部人與消息受領人進行交易時會反覆洗貨，也就是要創造流動性供給，期能將不知情雜訊交易者手中的股票洗到自己手中來，因此內線交易就是高波動度配合高周轉率，此後 Cohen 等人 (2012) 就將內線交易的參與者分成一般雜訊交易者與投機客，而投機客善於利用當日沖銷創造超常報酬，所以內線交易的第一步就是要讓搶帽客每次在當日沖銷中獲利，這是至關重要的。

運用周轉率的品質高低來代表內線消息的到達，Duarte 等人 (2008) 試著建立一個模型，在模型之中提供一些參數值作為事件發生日的當日委託流量來處理內線消息到達的機率。在所建立的模型之中，可以合理解釋捕捉到內線消息產生時影響到股價波動的變異程度有 65%，且周轉率用來代理「內線消息的到達」此一操作性定義之解釋能力也不高，因此 Duarte 等人的修正模型可以讓傳統的 PIN 模型更為精確。Lakonishok & Lee (2001) 發現內線消息到達期間的股價報酬從正面消息的 0.13% 平均值到負面消息的 -0.23%，以及小公司的超常報酬會有 0.93% 和大公司的 -0.01%，都具有超常報酬，反倒是這

段期間用 FF3 的 SMB 與 HML 都找不到超常報酬的顯著性。

　　有趣的是，市場若是消息見報或公司主動揭露之後，計算該公司股票的總和報酬率，其實與市場其他公司的報酬率都差不多，並沒有多大差別，而透過 EKOP 模型來求得的報酬率會有較高的顯著不同。尤其是 Chan & Lakonishok (1995) 認為小公司的管理者們掌握內線消息，他們的持有成本較高（因大量賣出時會高度影響股價），所以買的時間較長而很明顯地在低價吃貨。這在技術分析上就是遇到總體（指數大跌）風險時會形成圓弧底或 W 底而不受大跌影響。例如新復興公司在 2023 年 8 月 9 日公告營收年增率 96.33% 後，股價開始大漲，持續走到 2024 年 1 月 20 日爆出 69,553 張成交大量，股價 51 元，可見得往前推 3 個月，股價在 15-20 元上下，震盪便是所謂的洗貨現象，而其公告消息後才大漲，避開了內線交易的嫌

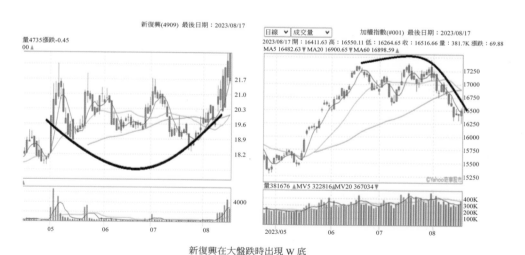

新復興在大盤跌時出現 W 底

圖 15　新復興在大盤跌時出現 W 底

資料來源：擷取自奇摩股市。

疑，因而市場投資人更樂於追價。

第二節　內線交易，隨機流動性和股價表現

在美國的《證券交易法》第 13d 條中規定，如果持股累積超過 5% 門檻之後要在十天內登錄，因此這是一個觀察內線交易的管道。理論上如果內線消息越靈通，大股東應該會在市場上積極買回更多流通在外的股票，則大股東持股比例會增加，當股權高度集中時，控制股東會侵犯小股東的利益，這被稱之為「權益代理問題」，這反而對公司治理形成了傷害。但大股東持股太多後，好消息散去則持股反而不易出售，有可能股價又跌回起漲點，變成沒有賺到私有利益。至於大多數小股東若都成了消息受領人而引發股價追逐戰，那時訊息早就傳播開來，也就不會是內線消息，僅能說是一種「樂透型股票」的對賭交易，這就要從行為面去探討了。

內線交易的成本可分成三個成分，其一是逆選擇成本，其二是下單成本，其三是存倉成本。逆選擇成本是指一旦知道內情時，會在市場上大量分批買進股票，可能流通在外股票太多，上漲過程太過反覆，以至於自認為股價過高了，賣出後股價雖然回測，可是又漲高了，這時再買回所發生的成本。比方圖 16 的寶一 (8222) 股價走勢，你可能買在 20 元然後大量賣在 30 元，雖然回測一段時間，股價卻又大漲上去，你再追回時已是 31 元了，那這 1 元價差就是你的逆選擇成本。當然選擇不賣就必須承擔近 3 個月的等待時間成本。

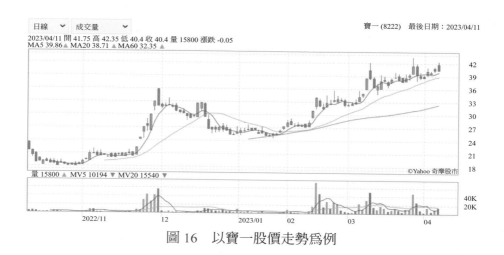

圖 16　以寶一股價走勢為例

　　下單成本或說是滑價成本，就是買（賣）不到想要的價格相對數量，這時候會以市價單的較高（低）價格成交。至於存倉成本一般是指許多大股東得到消息的，可能是市場性的，比方說，做充電樁的公司有四家：建碁、飛宏、虹堡與僑威，當你知道充電樁的市場很大時，你會都買一些股票，可是有可能比重上買在飛宏較多、建碁較少，但沒想到建碁持續大漲，飛宏反而陷入整理，這時候你決定賣出飛宏改買建碁，但沒想到飛宏賣出後反而大漲，建碁卻不漲，這就是存倉成本，原因是內線資訊早已公開成為市場共識，這又回到樂透型對賭，而股東還以為自己仍能從內線消息中獲利。

　　圖 17 中，Collin-Dufresne (2015) 以 2003 年到 2013 年這段期間，當持股超過 5% 以上的，向主管當局登錄前後，個股周轉率相對於平均周轉率與買入持有後的超常報酬二者之間的關係，其中黑色長條圖代表在樣本期間個股成交周轉率對平均周轉率之比值，黑色線條則為 60 天的買入持有超常報酬，顯

見「量再價先行」的特色，當持股超過 5% 並且已被主管當局
登錄後，整個買入持有報酬增加 3%，而登錄後一天其報酬的
飄移可參考圖內所標示，在登錄以後超常報酬不再發生，應是
市場投資人漸漸理解有內線消息的公司在日後會受到股東放利
多消息後打壓股價出貨，因此絕少會有超常報酬。

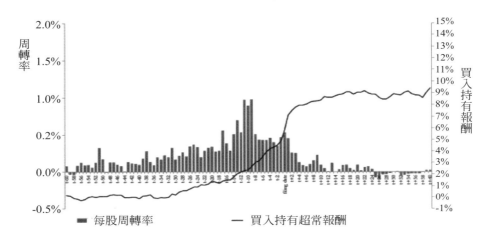

圖 17　內線交易行動前後期的量價變化

資料來源：Collin-Dufresne, P., & Fos, V. (2015). Do prices reveal the presence
of informed trading? *The Journal of Finance*, 70(4), 1555-1582.

　　Lakonishok & Lee (2001) 認為內線消息知悉者未必是親耳
聽見什麼才算，有一種「管理者訊號假說」，證實內線交易人
常常單憑執行長將要做什麼，便可判斷股票買入持有的時機。
內線交易有時候偏向於發生在新上市具成長型的公司，這些公
司在上市初期可能有較好的營運績效，而在成為價值型股票
的過程中，也樂於採取反向放空的策略。整體上，內線交易可
以被看作是市場動向的預測指標，他們是最擅長操作反向操作

的投資人，內線意謂著內情知悉者，他們樂觀時，市場景氣向上，他們悲觀時，市場景氣向下，尤其是小型上市公司多半是財務受限公司，不管是景氣榮枯，其籌資活動都很頻繁，因此其資金供應鏈較易於預見股價的震盪 (Lakonishkok & Lee, 2001)。圖 17 用來解釋內線交易期間與股票報酬之間的關係，這顯然是事後資料，因為管理者買股票是必須申報的，依據《證券交易法》第 22 條之 2 與 25 條的規定，內部人交易需採事前申報、事後申報與設解質申報三種。NPR (net purchase ratio) 是指半年內內部人買入本公司股票大於賣出的比率，年化報酬率是指每年的年平均報酬率，計算期間自 1976 年 1 月到 1995 年 1 月。圖 18 很有趣地凸顯內部人淨買入率與報酬之間的關係，以 1987 年 10 月股災來看，股災前內部人持股較低但市場報酬率很高，多是股價大漲卻站在賣方，股災以後市場報酬率跌到很低時反而是大量買進並敢於向證管會揭露。

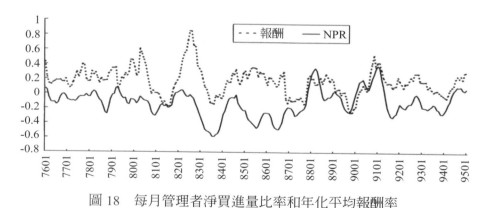

圖 18　每月管理者淨買進量比率和年化平均報酬率

資料來源：Lakonishok & Lee (2001). Are Insider Trades Informative? *Review of Financial Studies*, 14(1), 79-111。NPR 為實線，報酬為虛線。

　　Lakonishok & Lee (2001) 認為內線交易常看起來像是可預期市場運動方向，且是一種可被用來判斷進入市場時機，所以內線交易者也可說是反向交易投資人，內線交易者對市場樂觀，就代表前景看好，悲觀則前景看壞。他們會賣出現有持股，以天使或創投身分投資具有前景的新創事業，長期將壓抑走入成熟期公司的股價，而持有未來較看好的事業。可是大公司能從內線消息得益的機會遠大於小公司，所以內線消息受領人的群體數較小公司為多。美國在 1990 年提出證券強化補救措施與仙股改革法案之修正版本 (SERPSRA) 之前，由於大股東持續分批賣股並不用申報，甚至員工認股權證、退休金計畫與代客操作都不用申報，因此要從成交量或周轉率變化來判斷內線消息的到達相當困難。

　　美國紐約證券交易所對於小公司，其流通在外股數未達一百一十萬股且總價值少於一億美元，是不允許交易的，公司股票最低市場交易價必須大於每股四元。以上不符合標準者被稱之為仙股 (penny stock)，固然仙股在櫃檯買賣交易居多，仍然是先慢慢進貨，因為成交量不大，市場不注意，且有反流動性情況，作手也不敢多買。消息公開後股價大漲（有的時候是市場派放謠言給記者，並收買後於指定日發布）時賣出，這時形成一個當市大量，這很容易作為詐欺的管道。Fernandes & Ferreira (2008) 認為內部消息越高的國家，就越容易排擠資訊從正常管道公開揭露，而內線交易的處罰越重及執行抓捕內線交易行為，市場投資人才會有機會學習到如何從公開資訊判斷合理股價，如此個股報酬變異才會少。

　　在判斷內線消息的到達上，最大的難題是許多偽造的

內線交易其實是更狠的「拉高倒貨陰謀」(pump and dump scheme)，這種偽造的內線交易，主要是由一個資訊產製室 (boiler room) 來作為處理中心，在先期布局後，經由小眾媒體的股票和口耳相傳（因為要製造內線假象），最後透過各種管道〔如股友社、一些政商俱樂部（如扶輪社等）、酒店或茶室〕，於人潮較多處所予以傳播，待股價開始上漲，令消息受領人更誤以為是真的，於是採取開盤以漲停價大量買進，再於勾引散戶追價後，分批連續大量賣出；或以指定跌停價的限價單遞出到交易所，令股價快速下壓，設法讓散戶停損認賠出場後，再以高價拉升，由於消息本身並非內部公司基本資訊，有些時候公司越是澄清，股價越是飆漲。這種仙股交易，更盛行於沒有漲跌幅限制的香港股市。

因為虛假內線消息致意圖炒作市場行情的，如吳光訓炒作捷超公司股票，在 2008 年 4 到 5 月間以每股 11 元到 13 元價格買進後，股價跌到同年 9 月僅剩 6 元，致吳光訓擔心斷頭，乃於當年 10 月 1 日到 12 月 30 日這段期間，指示所組成的訊息製造中心對外釋放假消息，並以高出低進連續委託買賣等方式相對成交，這也違反了「證券交易活絡表象罪」，而其法律認定的犯罪所得為 2,213 萬餘元。

　　※ 按：《證券交易法》第一百五十五條第一項第四款規定，對於在證券交易所上市之有價證券，不得有意圖抬高或壓低集中交易市場某種有價證券之交易價格，自行或以他人名義，對該有價證券，連續以高價買入或以低價賣出之行為，其旨在防止人為操控股價，導致集中交易市場行情發生異常變動，影響市場自由、公開決定價格之秩序。倘行為人於一定期間內，就

該特定之有價證券連續以高價買進或以低價賣出之行為，致集中交易市場行情有發生異常變動而影響市場秩序之危險者，復無其他合理之投資、經濟上目的（例如因應市場上之經濟或非經濟因素，基於合理投資判斷而大量高價買進、低價賣出），即得據以認定其主觀上有拉抬或壓抑交易市場上特定有價證券之意圖。具體而言，判斷行為人是否有影響或操縱市場以抬高或壓低某種有價證券價格之主觀意圖，除考量行為人之屬性、交易動機、交易前後之狀況、交易型態、交易占有率以及是否違反投資效率等客觀情形因素外，行為人之高買、低賣行為，是否意在創造錯誤或使人誤信之交易熱絡表象、誘使投資大眾跟進買賣或圖謀不法利益，固亦為重要之判斷因素，但究非本條成罪與否之主觀構成要件要素。

蓋行為人高買、低賣行為之目的不一，誘使投資大眾跟進買賣以圖謀不法利益固為多數炒作者之主要動機；然基於其他各種特定目的，例如為避免供擔保之有價證券價格滑落致遭斷頭，或為締造公司經營榮景以招徠投資，或為順利取得銀行資金奧援，而維持特定有價證券於一定價格之護盤行為，同係以人為操縱方式維持價格於不墜，具有抬高價格之實質效果，致集中交易市場行情有發生異常變動而影響市場秩序之危險。此雖與拉高倒貨、殺低進貨之炒作目的有異，行為人在主觀上不一定有坑殺其他投資人之意圖，但破壞決定價格之市場自由機制，則無二致，亦屬上開規定所禁止之高買證券違法炒作行為。

另一個有趣的案例則是內部人在重要訊息發布前先行大量於市場上賣出持股，但並沒有相對進行放空，可是法院卻認為

知悉消息而大量賣出的股票仍屬內線交易的範疇。2012 年 10 月 20 日普格科技出事前在執行長黃志成的非常規不利於公司之交易下，產生鉅額虧損，致董事長王格琮與哥哥王格瑞在消息發布前一天大量出售持股，並於出售的深夜才讓公司在公開資訊觀測站揭露，此後公司股價連續 17 天跌停，形成股價崩盤風險。

第三節　高頻交易與內線消息的到達

如果想要運用投資組合來降低分散風險，就必然放棄對個股資訊的關注，如此分析師推薦毫無意義，但是這必須是一個高度限制內線交易而有成文法的國家。反之，若需要評估公司特有風險且財務受限、無力進行投資組合，那想要多得到可投資個股的資訊便必須借助分析師推薦。如果基金經理人或自營商既有投資組合，卻在給定時間內，開始調整持股比例，增加某些個股的存倉量，這有可能是因為掌握了私有資訊而進行非分散風險的投資 (Bushman, Pirtroski & Smith, 2005)。個股報酬正變異，可能帶來股價大漲，證券投資顧問除了觀察證券交易市場個股動向，當然也會留意三大法人持股與某些個別公司的內線資訊，這部分可能要透過朋友圈或是新興產業的產品在發表會或展示會上陳列。

而分析師對個股在交易時間內極小的買賣價差向單方面傾斜、某些公司的流動在外股票突然逐步增量的流動性，如果分析師們對某些股票有較高的發文討論和較廣泛地討論某些產業前景，意味他們已發現這些公司可能隱含著尚未對外公開的內線消息。

　　Piotroski & Roulstone (2004) 則從逆選擇成本的角度看，內線交易的逆選擇成本是指由於內線交易者利用非公開資訊進行交易，導致其他投資者對股票的價值預期發生修正，從而造成股票價格波動。這種波動會增加投資者的交易成本，並降低市場效率。分析師的強項是從產業脈動和市場整體資訊來推薦質優股票，而內線交易者偏好於私有資訊，如此二者之間對股價波動的影響屬替代效果，替代效果越高，股價波動度就越高。

　　內線消息的知情者一般在出手買股票時較不會採用限價單，因為限價單會曝露他們想要的成交價格與數量，而此一舉動會讓市場其他投資人關注到，甚至操盤室中也有三大法人的交易員，這個資訊會被立即觀察到等於是走漏消息，但是市價單交易必須也有相對的流動性提供者，倘若供給的數量太少，便很容易造成價格向上持續成交形成了動能。

　　基於內線消息的到達會造成買賣單不平衡 (order imbalance, OIB) 的現象，因此 Aktas 等人 (2007) 便設計了一套移動平均的公式，這個公式分成絕對 OIB 和相對 OIB 兩個，其中絕對 OIB 意含著內線消息知悉者並不樂於運用限價單操作，且因為有好（壞）消息後，都會盡可能地在市場上大量買進（賣出）股票，以至於對價格產生無法回復的影響。相對 OIB 則是探索內線消息知悉者也有可能會採取限價單的布局，只是限價單的數量可拆分成展現型和隱藏型兩類，展現型意指買賣單在盤中少量分批遞出，但日後統計三個營業日平均做多漲幅在 24.31-25.89% 之間，由此反推是由幾個主要股東帳戶中所進出的，如此推論為展現型交易。

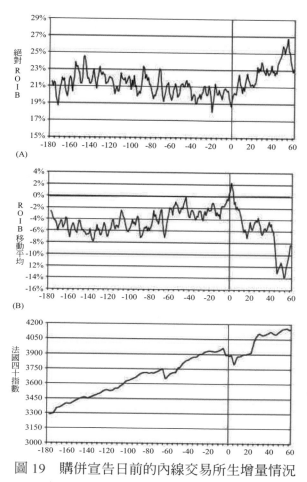

圖 19 購併宣告日前的內線交易所生增量情況

資料來源：Aktas 等人 (2007), The PIN anomaly around M & A announcements, *Journal of Financial Markets*, 10: 169-191.

　　至於隱藏性的委託單是以 PIN 的公式為標準所推估的，相對 OIB 可建立以下公式：（│買進 (展現量) －賣出 (展現量) │／│買進 (展現量) ＋賣出 (展現量) │）和（│買進 (隱藏量) －賣出 (隱藏量) │／│買進 (隱藏量) ＋賣出 (隱藏量) │）。圖 19 以購併宣告前內部知情者在遞出買單過程中，造成買賣單不平衡的現象來看內線消息的到

達，分表 A 以絕對值之買賣單不平衡為例，宣告前委買單大於委賣單比例約 21% 以上，且宣告後更是明顯不平衡；分表 B 採相對的以三天移動平均值來計算，分子為委買委賣單價差，分母為此一時間點委買委賣單總計，可得到在宣告日前偏向於負值（委賣大於委買，賣方驅動市場），但購併宣告後，會出現買賣單平衡，其後再現負值擴大現象；搭配第三個圖表，可知以法國 CAC40 工商指數的報酬率來看，賣方驅動的市場仍是呈現持續報酬率增加的現象。

消息到達時會造成成交量驟增，Berry & Howe (1994) 運用路透社消息發布後的日內交易（同一交易日內多次買賣有價證券），發現消息宣告日的成交量有高頻交易的現象，而 Kalev 等人 (2004) 在消除一些干擾因素後仍然是支持高頻交易的。Lee & Ready (1991) 演算法常被用來觀察高頻交易下，價格走向。Lee & Ready (1991) 演算法是一種用於推斷流動性接受者 (liquidity taker) 交易方向的演算法。流動性接受者是指在市場上執行交易的一方，而流動性提供者則是指提供交易對手方的一方。Lee & Ready 演算法使用了逐筆成交數據 (trade level data) 和最優報價數據 (quote level data)。逐筆成交數據記錄了每筆成交的價格和數量。最優報價數據記錄了各交易所的買入和賣出報價。

在高頻交易中，試想暫不去管整天交易或橫斷面數據所提供的成交量大小，其實那毫無意義，原因是有許多時候，內線消息的價值僅只有利於當日沖銷，因為當日沖銷不會被政府監管機關抓到，且若是多個帳戶同時互為買賣，則損益只有自己的統制帳才能清楚計算。而個別帳戶的交易結果有盈有虧，是

很難判斷有內線交易獲利（在美國會交給財務顧問安排帳戶進行交易），因此業界常會運用 Lee & Ready (1991) 的演算法來預測下一檔次應做多還是做空的方向，檔次測驗 (tick test) 便是一門技術。檔次測試是流動性接受者在執行交易時，會盡量避免與流動性提供者的價格產生太大的差距。因此，流動性接受者在買入時，通常會選擇比最優買入報價低的價格；在賣出時，通常會選擇比最優賣出報價高的價格。

　　Lee & Ready 演算法首先計算了每筆成交的「偏離值」(displacement)，即成交價格與最優報價之差。然後，演算法根據成交的偏離值將成交分為三類：(1) 買入偏離：成交價格比最優買入報價低。(2) 賣出偏離：成交價格比最優賣出報價高。(3) 中性偏離：成交價格與最優報價差距不大。Lee & Ready 演算法認為，買入偏離的成交表明流動性接受者是買入方，而賣出偏離的成交表明流動性接受者是賣出方。對於中性偏離的成交，演算法則不做判斷。具體操作準則是：(1) 如果當前成交價高於（低於）當前最優買賣報價平均值，判定為「買」（「賣」）；(2) 如果當前成交價等於當前最優買賣報價平均值，那麼如果當前成交價比上一筆成交價高（低），判定為「買」（「賣」）。這種判定方法能找到大多數交易的發起方向，但是並不精確。

　　另外還有一種方法叫反向檔次測試 (Hasbrouck, 1988)，是成交價格與下一期交易的價格做比較。檔次測試與反向檔次測試在股價回測時立論都一樣，在交易前後的價格走勢方向相同時，會傾向委託流量不平衡，檔次測試優於反向檔次測試。LR 演算法調查 1988 年那斯達克的 150 家上市公司，發

現報價反轉的頻率是委賣價的出現較大量委託賣（買）單在買賣單價差的 1/4 處，有較大的機率會價格反轉，而出現在已委賣（買）單起算的買賣價差之 3/8 處，報價方向改變的機率較高。這是一種不對稱的變化，也就是價格反轉的情況是大量委賣單出現時，價格成交的平均中點越靠近委賣報價則賣方驅動報價的機率越高。觀察報價驅動方向，最無趣之處乃是平常買賣價差之間的檔次移動，委賣委買比大約都是 1：1，這種狀況也就被稱為常規單 (standing order)，因而若是這檔股票並沒有積極的大量單遞出，那就是浪費時間觀察了。

可是市價單快速湧進，開始吃掉委賣常規單時，就會產生圖 20 的幾種情況，其一是上一筆市價單先吃掉了委賣單後，新的委買委賣價會回到價差中點。其次是會直接向委買報價成交後遊走，但很快地新成交價會出現在上一檔買賣報價的中點。第三種情況是成交在委買單後，隨著多筆委買單的遞出造成價格賣到價差中點與最後是賣方驅動報價的市場，也就是不斷地在委買單的報價上成交之後，很快地價格向上移動到價差中點。

Lee & Ready 演算法的缺點很多，但不失在觀察價格變化的參考依據，因為主力進（出）貨，都需要散戶追價，而他們在考量自己掌握精確資訊下，進（出）貨的速度快卻不願意被抓到，又擔心造成價格永遠無法回復，以至於再買進成本更高了。因此，會盡量在低檔多單分批掃貨，但這仍是會回到盤面上被看到成交速度加快，且報價仍會向上賣方驅動，日後再看成交量時便可推論出存倉單較當日沖銷單來得多，這就算是內線消息的到達了。

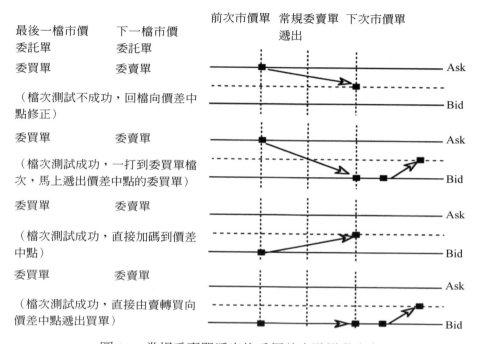

圖 20　常規委賣單遞出後看價差中點變動方向

資料來源：Lee, C. M., & Ready, M. J. (1991). Inferring trade direction from intraday data. *The Journal of Finance*, 46(2), 733-746.

第四章

動能 (Momentum)

倘若有一段時間股價報酬持續快速增加是因為前後期自我相關的現象，那一個買進策略在未來時點賣出，可以獲取大於投資組合報酬之平均報酬，且執行這個買賣策略所獲取報酬遠大於長期持有買入策略所賺得的帳上報酬率，就是「動能」（De Bondt & Thaler, 1987; Sagi & Seasholes, 2007）。Jegadeesh & Titman (1993) 他們發現很多股票會在過去半年到一年之間有持續上漲的超常報酬，即便是只討論 Fama-French 的三因子模型，以美國市場 1930 年 1 月到 2017 年 12 月為例，採取做多贏家組合並放空輸家組合的策略，其超常報酬為 0.6%，是建構在代表長期增漲的截距項（Alpha 值）為 0.88%。

所謂超常報酬是指較平均報酬率還要多的報酬率，證明了動能因子的存在。可是動能的上漲持續性也代表會發生下跌的持續性，例如美國股市也發生過曾經持續大漲的股票，在 1932 年與 2009 年發生大跌超過 49.01% 的現象。所以動能交易代表某一群股票具有持續上漲與持續下跌的特色，Chui 等人 (2010) 就發現在市場波動度大時，崩盤風險讓多頭動能溢酬並不存在，但這種異常報酬對投資人是很有吸引力的。

動能的產生若是與時俱變的，有可能是空頭市場時，某些輸家組合的股票較贏家組合的股票有較大的負報酬，以至於多頭反彈時，會出現較高的正報酬率。Grundy & Martin (2001) 的實證就發現在空頭市場轉為多頭市場的階段，贏家組合減輸家組合通常會有較大的負報酬率。Asem & Tian (2010) 拿市場（多頭或空頭）穩定狀態與空轉多或多轉空時期來比較，可發現有較高的動能效果，但是單就空轉多或多轉空時期來看時，會有動能低報酬或負報酬的現象，原因係這個期間的動能組合

股票極易產生股價崩盤風險。他們想要解釋單純的多（空）頭市場，單向的做多（放空）可以得到超常報酬，但是若介於多空兩個時間的轉換期間，則動能的持續期間所產生的報酬被正負值所抵銷。Chan & Cheng (2009) 認為在效率市場假說 (efficiency market hypothesis) 的前提下，股價偏離只是暫時現象，而開盤到收盤或委買委賣價之間的反覆跳動，因為合理價格陷入不易猜測的迷惑，波動不穩定而持續調整。這些因素有可能造成股價會在一段時間內持續與原來的運動空間偏離，這是一種續航力現象（續航力就是動能）。

當然在發現動能現象之初，有專家認為那只是上市公司的規模效果和具有未來成長機會的公司價值效果 (Schwert, 2003)，Daniel, Hirshleifer & Subrabmanyam (1998) 以及 Hong & Stein (1999) 認為動能是投資人的認知偏差所造成的股價異常現象。動能的驚人「期間報酬」令許多投資專家們迷思，因為其日均報酬率恰等於月均報酬率，月均報酬率又恰等於年均報酬率，這是怎麼辦到的？既可滿足短線投資人勇於進場追逐短線交易才能得到的報酬，卻也能滿足長期投資人所要求的長期投資之結果。

有些學者認為，動能只是那些強調運用基本分析的投資顧問的認知偏差，因為無法判斷出合理股價，這也與效率市場假說不同，或可能是一種系統性風險。可是許多學者卻認為動能是除了亞洲國家以外普遍都有的現象 (Titman et al., 2013; Watanabe et al., 2013; Stambaugh et al., 2015; Jacobs, 2016)，Chui et al. (2010) 認為雖然亞洲各國的動能並非都有，但是動能所創造的超常報酬是與亞洲各國投資人之個人主義有相當

大的關係，且與 Daniel et al. (1998) 的看法一樣，認為形成動能的原因應是「投資人過度自信」(investor overconfidence)，「過度自信」和「歸因偏差」有關。簡單地說，過度自信是一種對股價有樂觀的期許，因此持續加碼在價格已高估的股票上，而歸因偏差則是對於股價波動有關的訊息過度解讀或偏誤解讀，在這種概念下，個人主義使得整個國家的成交量（熱市或冷市）與波動度之間有高度正相關。

Asem & Tian (2010) 根據股市過去 12 個月的累積報酬對比當月累積報酬的情況是否相同，若相同稱為持續狀態，若不相同稱為臨時狀態。他們 (Asem & Tian, 2010; Hanauer, 2014) 發現日本與美國的股票市場當處在持續狀態，其報酬率會高於臨時狀態。他們得出一個結論，就是再接續階段的投資人樂於追價致產生過度自信，與自我歸因於自己的「了不起績效」致過度自信催化了動能的溢酬。

Jacobs (2016) 也發現有顯著動能的亞洲國家，多存在投資人過度自信、套利有限、資訊不透明和文化因素導致個人主義色彩，使得投資人對相同事情的解讀不同以及市場缺乏效率等因素，例如有些國家在整體規劃上有短視近利的因素 (Docherty & Hurst, 2018)。而動能股票在 K 線分析上並不好形容，其在統計圖表上是高狹峰、偏態和為了維持續航力而從高點回檔，所以他們的報酬率分配在統計上應該是大於常態分配的。Cooper, Gutierrez & Hameed (2004)，Brown & Cliff (2005) 以及 Huang (2006) 發現動能來自於投資人的認知偏差。Barbris 等人 (1998) 認為投資人對於所得到的資訊會漸漸形成共識，再產生風潮，最後形成動能。

Barroso & Detzel (2021) 從套利受限 (limits-to-arbitrage) 的角度來看，解釋動能並不存在，在納入交易成本計算後發現受市場加權指數影響的股價波動很難賺取超常報酬，而受市場加權指數影響的股價波動，在能抓住前一個月的股價波動後，是很能找到動能因子的存在，與 Moreira & Muir (2017) 的結論一致，但是動能因子的存在，必須能從真實波動度中找出與公司特有風險波動有關的因素。Cakici & Zarema (2022) 與 Jacobs (2016) 的觀點不同，認為會有報酬續航力（動能）的現象，主要是因為市場對合理價格評定的誤認（也就是合理估價是 20 元，但市價卻漲到 80 元），這可能是因為市場上或交易較高的摩擦（friction，在財務學上摩擦是指缺乏均衡下的持續波動或有稅費等限制造成價格無法均衡）。他們指出這個原因與套利機會有關，若為大公司且分析師越多，越有能力針對個別公司的盈餘進行預測，則套利受限較低，放空限制越高則套利受限越高，套利受限少反而會有動能。

第一節 動能成因之謎

動能成因從 Jegadeesh & Titman (1993) 提出之後就是一個謎題，Cooper, Gtierrez & Hameed (2004) 認為動能多半出現在多頭市場，他們認為動能是在一段長時間的前段處於持續上升而後段處於持續下跌，會造就較高的市場報酬應是對負面消息過度反應的後期趨近於結束（先大跌、折價深）再加上價格反轉的開始（跌深反彈），但是若處於多頭市場，報酬持續上升的期間會大於報酬持續上升後回檔整理的期間。值得討論的是，價格反轉現象若處在盤整期間，動能報酬究竟是大於零還

是被抵銷為零？如果動能報酬是一段續航力時間的超常報酬，那盤整期間會有超常報酬嗎？

關於動能續航力，在市場持續多（空）頭或處於盤整期間，Daniel, Hirshleifer & Subrahmanyam (1998) 認為是受到投資人過度自信所造成的市場順勢壓力（多頭時大家做多，空頭時大家做空，造成超漲超跌）。因此 Daniel 等人 (1998) 的解釋是，若市場處於單向（多或空）續航期間，則做多的續航力高於做空的續航力，而處於盤整期間，做空的續航力高於做多的續航力。也有人認為動能仍與市場面有關，像是公司流動在外股數周轉率、流動性、帳面對市價比、分析師盈餘預測能力與整體總體經濟的面向是步入繁榮還是衰退。

Hong & Stein (1999) 認為動能是一種行為偏誤，私有資訊的外溢過程是緩慢的而續航力表現在前後期報酬高度相關（如 K 線上的三白兵），對以動能為交易的投資人來說，他們會積極地參與交易直到消息揭露時，可能已經是整個市場的過度反應了。續航力對樂於股市積極交易投資人來說，會有反應這個前後期自我相關報酬延長至過度反應的狀況。在這種偏誤下，多頭時間會有較高的續航力，而多頭做多的續航力會高於空頭做空的續航力。Sagi & Seasholes (2007) 提出一個理性資產評價模式，他們不認為行為偏差與理性觀點對續航力的解釋有什麼差別。Sagi & Seasholes (2007) 認為獲利可能性的脈絡若來自於無形資產，則高市價對帳面價值比的公司，實質上投資人會對無形資產的消息過度反應，以至於若有較高成長選擇權的公司，其股價展現較高的前後期自我相關報酬的情形，會較不具有成長機會的公司更為靈敏。

　　Shleifer & Vishny (1998) 指出，若針對公司的基本價值加以計算，所有高（低）估股價最後會反轉向基本價值靠攏。依據這個推測，若投資人對價格資訊的估算顯然過於保守，則投資人會在基本價值內賣出持股獲利離開，因此不會賺取超額報酬。若投資人視動能為系統性風險，在多空兩邊做多上漲股與放空下跌股，則會有超常報酬，倘若是認知偏差，便會產生負報酬。

　　一家公司志在研發支出的投入很具成效，就代表其具備一種成長選擇權，但這個選擇權的資產具有高風險的，若將這個成長選擇權算入公司價值，既代表這個公司是風險性資產，而高風險帶來高的投資組合報酬，這就是能夠解釋動能之成因。Sagi & Seaholes (2009) 發現若高市帳比的公司是股價有動能溢酬，平均起來是大於低市帳比公司 10% 左右。而因為研發成就所創造的銷貨成本率較低的公司則平均動能溢酬是大於高銷貨成本率的公司約 2-9%，但是公司的成本中，採用舉債的含量較高的，其動能報酬不高且很高的自我相關會產生負面影響，至於成本固定下，其收入會大幅度成長，就會導引利潤大幅度成長，而使股價持續上漲。

　　不過影響動能的因素可能還是來自市場上，如個股周轉率、流動性、每日市價（用帳面價值來調整比值）、分析師盈餘預測誤差、整個市場氛圍（冷市或熱市）、產業特質，其他的因素就可能是公司私有資訊，如盈餘和成長。像是股價高波動度公司對於投資人過度自信來說，乃是因為股價充分反應不確定性所致，以至於他們不樂於賣出股票，所以在操作一檔股票時，做多獲利的機會若遠大於做多損失者，如此會

形成買入持有的預期多半會在一段時間後有正面報酬 (Sagi & Seasholes)，發現高波動度公司的動能報酬大於低波動度公司動能報酬的 6-14%。

Asem & Tian (2010) 整理在不同市場狀態下，三位學者 Daniel 等人 (1998)、Hong & Stein (1998) 與 Sagi & Seasholes (2007) 的論述，如表 1 摘要說明，三組學者們的歧見仍是盤整期間是否有續航力，Daniel 等人 (1998) 認為空頭做空的續航力高於空轉多的盤整期，而其他兩組的實證恰好與 Dainel 等人 (1998) 相反。

表 1　不同市場現象之續航力

市場現象				
	多頭市場	多轉空盤整期	空頭市場	空轉多盤整期
Daniel 等人 (1998)	高	低	高	低
Hong & Stein (1998)	高	低	低	高
Sagi & Seasholes (2007)	高	低	低	高

資料來源：Asem & Tian (2010). Market dynamics and momentum profits. *Journal of Financial and Quantitative Analysis*, 45 (6), 1549-1562.

Chan & Cheng (2009) 則探索造成股價反轉的因素，若此因素存在則動能將持續作用。他們認為現行股價若為錯誤，則此錯誤會讓交易者跳進市場中買賣，而這種反覆買賣回應 (bid-ask bounce) 將使波動度擴大，讓股價報酬在可細分的兩個區間內是負相關的（一陰一陽之謂道），離開這個價格反轉 (price reversals) 的訊號，股價應該會依其潛在利益（私有資訊）朝一定方向成長或衰退。從期貨市場的契約價格大規模變動推論成分股的股價也會受到影響，研究收盤到開盤前半小

價格的變動，發現投資人會樂於接受股價改變的原因是因爲期貨市場契約價格變動影響到成分股價格的可能變動，而追逐及時的套利，這是動能產生的原因之一。

　　期貨市場交易的結果對股票市場個股報酬衍生的影響，也需具有極高的關聯性。如果價格有顯而易見的錯誤，則期貨市場的報價會牽動個股現貨市場較大的波動。尤其是期貨具有價格發現的功能。有趣的答案是，投資人對合理股價的估計都不一致，那麼來自於當沖所產生的現金報酬將會影響到股價的波動。換句話說，現金報酬（交易次數）越多，則股價波動度越小，一旦股價偏離合理的區間，則接續性的區間報酬將使得現金報酬（交易次數）明顯減少。這麼說來突（跌）破後的持續性走勢可稱之爲續航力，或是動能。

　　Chan & Cheng (2009) 強化了 Hong & Stein (1999) 的論點，在價格反轉訊號發生之前，鄰界兩期的股票報酬爲負相關而多次交易的現金報酬較高，我們可以說這是一個價格迷思而不斷修正的路程，直到這種「鄰界負相關」的現象消失，呈現向一方面持續運動的現象。Chordia & Shivakumar (2002) 發現企業生命週期對上不同經濟指標，可以看到動能續航力，於是 Asem & Tian (2010) 補強說明，在空頭市場若個股處於多頭狀態，則贏家報酬會增加；若空頭轉向多頭的階段，則輸家組合會快速增加，此時在反轉期間放空有續航力；在多頭市場，當個股開始反轉空頭狀態，則贏家組合的報酬與股價反轉向上有關。

　　Ehsani & Linnainmaa (2022) 製作一張圖，認爲個別公司的動能 (individual stock momentum) 與五因子模型動能 (5-factor momentum) 之間的區別在於前者的構成是來自於產業動能、

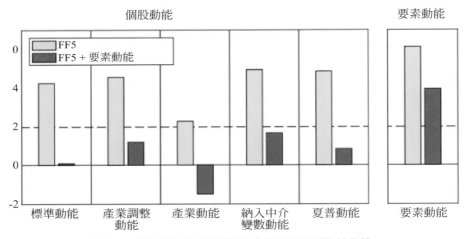

圖 21　個別公司受影響動能與五因子模型動能

資料來源：Ehsani, S., & Linnainmaa, J. T. (2022). Factor momentum and the momentum factor. *The Journal of Finance*, 77(3), 1877-1919.

產業調整動能、中介因素動能與夏普比率 (sharpe ratio) 動能。但 Fama-French (2015) 五因子模型所造成的動能（圖 21 黃色的條狀圖）其報酬率顯著要高於個別公司的動能。Ehsani & Linnainmaa (2022) 的解釋是許多投資人喜歡在同產業內有股票上漲時，或非同產業但是個股權值較大的產業之間買賣股票，總括來說，交易成本將實質報酬率給抵消了。

　　如果動能的特色符合強漲強跌，而且在上漲的過程中會有無數次的回返，且整個漲勢是受到過度自信的影響，如此漲勢結束回跌到基本價值的空間就會有凌厲的速度。George & Hwang (2004) 認為轉機股常出現在「做多贏家與做空輸家組合」之後，因為這與投資人的認知偏差有關。如此而來，若第一眼看中的股票具有動能偏離合理價值，就不要再追漲買進，可以等它反轉。同樣地，也可以等它回測到支撐後在技術線型

上出現顯著意義再進場執行追漲殺跌的操作。這可以圖 22 為
例，永崴投控在上漲後進入長期持續低報酬且下跌的走勢是屬
於可被放空的輸家組合，至 2020 年 6 月中發動攻擊走勢，直
到 7 月初持續上漲達兩倍以上，這可以判斷出其反轉現象。

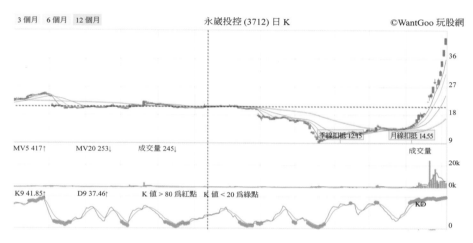

圖 22　前期輸家組合轉機後大漲的動能效果

　　由於動能組合的觀念是來自於 Fama-French 三因子模型中
「做多贏家組合」的概念（不一定要放空輸家組合，因為很多
市場對放空有很高的限制），至於 Fama-French 三因子模型、
四因子模型與五因子模型，我們將在專章中討論，本節僅能籠
統帶過。可是 Ehsani & Linnainmaa (2022) 的研究便相當有趣
了。他們將橫斷面與時間數列的五因子動態策略合併進行比
較，發現若持有時間數列贏家組合的股票，其報酬率將隨著時
間經過而持續上漲，且優於橫斷面贏家組合的股票。時間數列
動能係指股價長期上漲有持續性，但仍然具有大幅度波動的特
質，稍後我將介紹韋納過程與萊維過程兩種技術性走勢。而橫

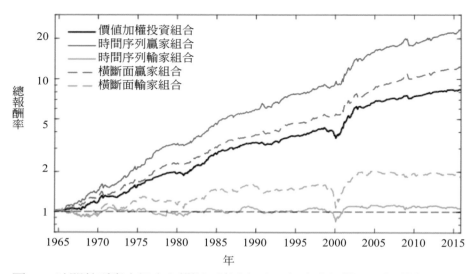

圖 23　時間數列贏家組合與橫斷面贏家組合及組合之加權平均報酬率之表現

資料來源：Ehsani, Sina, & Juhani T. Linnainmaa. Factor momentum and the momentum factor. *The Journal of Finance*, 77.3 (2022), 1877-1919. 其中 Equal-weighted portfolio 為運用投資組合下所賺到的報酬率，Time-series winners 為從時間數列連續性來探討的贏家 (winner) 組合報酬率或輸家 (loser) 組合報酬率、Cross-sectional winners 為橫斷面贏家，而 Cross-section loser 為橫斷面輸家。

斷面傾向於在某個時間會漲或會跌之某族群的股票，因此是會有屆臨某個時間點才會漲某個族群的股票。我覺得比較有趣的是，長期投資輸家組合是完全沒有報酬率且可能波動向下，代表這類股票可以砍出不要也不用採取放空策略，因為可能還要多花一些做空的交易成本。

第二節　續航力

　　Barberis, Shleifer & Vishny (1998) 認為投資人會漸進地修正對資訊的理解，期初股價對資訊的反應較不完全，其後才會

形成動能，像是 Cooper, Gutierrez & Hameed (2004) 發現多頭市場的每季動能的超常報酬約為 3.09%，而空頭市場的每季動能的超常報酬為 1.11%。他們解釋投資人在多頭走勢下會急於收割成長的好處，空頭走勢時則會擔心公司發生財務危機而有股價持續下跌的前後期自我相關。也就是在很短的時間內跌到底部（動能），但很長的時間在底部盤整，因此平均報酬較少，除非在跌到谷底時就獲利，轉作其他股票投資。Zhang (2006) 認為資訊越有高度不確定性就會有較高的動能股票，當資訊有高度不確定性時，好消息會造成股價大漲而壞消息會造成大跌。因此也有專家認為動能是來自於市場投資人的過度自信或人格特質的一部分，表現在認知偏差 (Brown & Cliff, 2005; Huang, 2006)，他們也與市場對價格訊息的反應還不夠完整有關，內線消息受領人固然掌握內線消息，但如何釋出讓外部人得知以使股價受到搶購而上漲。股價反轉也可能與元月效應及企業景氣循環有關，De Bondt & Thaler (1987) 及 Bildik & Gulay (2002) 就發現股價轉機常見於公司特徵有關的淡旺季或元月效應時期的產業前景樂觀氣氛。

　　由於動能具有瞬間強漲（跌），在最短時間內股價報酬特高的現象，一般投資人會誤判成具有高度公司特有風險的樂透型股票。當然動能型股票的瞬間強漲，也意味著在一個波段漲幅後會回測修正，再出現上漲的規律，這個時候的大跌又會讓投資人誤以為是崩盤風險而急於殺在最低點，使得追漲殺跌變成了追高殺低，所以了解動能的特質是非常重要且必須的。我國學者研究發現，若以半年線為基礎，通常要一年才會有完整顯著的正報酬，至於一季為基期的話，則持續上漲的循環期為半年。動能可以說是在一特定時間內，一個重要的獨立增量過

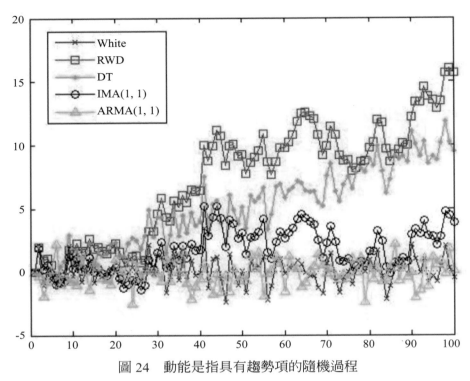

圖 24　動能是指具有趨勢項的隨機過程

資料來源：謝宗翰，謝宗翰的隨筆，https://ch-hsieh.blogspot.com/2013/11/0.
html。

程，這個過程基本上包含了隨機波動的物理特性，因爲隨機波
動的可預測性不高，所以如果可以產生一個瞬間增量，在此增
量的條件下，發現其向上擴散的趨勢明確，只是會有回復的可
能，而此可能的走向是將正向變異數（雜訊，noise）逐漸化
約成白嘩 (white noise)，最後形成一個報酬爲正向含趨勢項的
走勢，這就是動能。

　　圖 24 簡單描繪一個合理的動能是指在一個可測空間
（在一個亞米加空間 Ω）中具有有限方向定局 (F) 和可正確

預測性 (P)，若屬無限方向定局也就是太凌亂而看不出方向性，不是大起（樂透型股票）就是大落（股價崩盤風險）。因此有限方向定局就是動能特質的股票。在可測空間中，基本上會有四種股價有限方向定局，分別為前後期自我相關的移動平均線 (ARMA)、整合移動平均線 (IMA)、趨勢項加白嘩 (deterministic plus white noise, DT)、隨機漫步具趨勢項 (random walk plus deterministic, RWD)。顯然 RWD 和 DT 為動能性質的股票，這種股票具有馬可夫性質，也就是每段運動的過程皆具有獨立性，但在一個大區間 (W) 內又可找出前後期運動性質相似的過程，這被稱之為布朗運動。

　　布朗運動在初始點是一群沒有方向性的粒子自由運動，但加入趨勢項後，這些粒子會自然地向同方向撞擊，且有可能創造漂移性 (drift)，此漂移性對股價具有正面單方向推導的力量。因此股價若在過去一段時間表現過正向漂移趨勢，它將具備未來仍有正向漂移趨勢的特質，這也就是馬可夫性質。便以圖 25 來解說動能，以怡利電與華星光為例，動能必然是前期有個漂移加趨勢項的大漲走勢，然後大回檔之後，經過一段時間整理（通常是五到六年），再出現大漲，換句話說，只要能抓到截距項 (α)，就具備續航力。

　　由圖 25 可知，大多數動能股票的長期投資必然是平均報酬為零，這也就是我們並不支持長期投資存股的說法。而長期平均報酬為零，這可說是一個公平賭局 (martigale)，也就是沒有造假的賭場不會有只有一方贏而其他輸的賭局。在平賭的條件下，遇到股價向下時，不要誤判為崩盤而賣出或停損持股，乃是走到整個波動度極低時，進行再買進股票的策略，若是採取這種策略，自然是股價每次瞬間衝高就賣一些，直到走完整

圖 25　怡利電與華星光的動能

個漲勢再回落時全部賣出。

　　動能的特質除了平賭與馬可夫性質外，最重要的是突然
大漲的瞬間報酬率，使得股價不會在一個檔次一個檔次之間洗
價，因為不是洗價，使得許多投資人會認為漲過就有跌回來
了，於是乎不願意追價。所以在買入持有動能股票前就要先了
解這種股票的特質，而不是單純地從個股短期 K 線來判斷，
一旦發現是動能的股票，通常會在上漲的確定方向過程中，出
現至少有韋納 (Weiner) 過程與萊維 (Levy) 過程兩種走勢，本
節只能簡單介紹這兩種走勢。

　　韋納過程是指一段以時間為橫軸的股價波動區間，韋納過
程是從馬可夫過程演變而來，意指影響今天以後股價走勢的過
程與過去已知的 K 線走勢無關，也就是技術分析無關。但韋
納過程認為只要符合這個波動區間的長期平均報酬為零，但變
異數為 1，也就是在區間前期為負報酬時，後期必為正報酬，

反之亦然。而廣義韋納過程則是含有漂移項及**趨勢項**，且漂移項會是一段長時間內，自起始點發出的截距項，如圖 26。

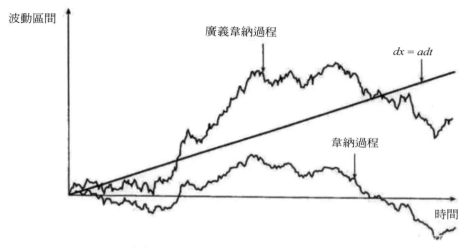

圖 26 韋納過程與廣義韋納過程

資料來源：知乎，https://zhuanlan.zhihu.com/p/45328997。

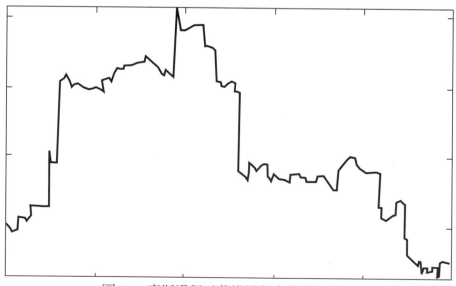

圖 27 高斯過程（萊維過程之簡單路徑）

　　萊維過程的第一個簡單路徑是高斯過程，高斯過程的性質
是與整體市場無關的，跳躍擴散後就必須回頭修正，所以在瞬
間大漲之後就做頭下跌。圖 27 就是高斯過程。萊維過程的發
展路徑是在某種特殊狀況下突生跳躍，且整個跳躍區間就是一
個正向的波動區間，意謂它的變異數只有向上而沒有向下的，
不像韋納過程會以造成長期平均報酬爲零的方式進行正負向的
波動，當然在不出現瞬間向上報酬後仍會直接跌落回起漲點。

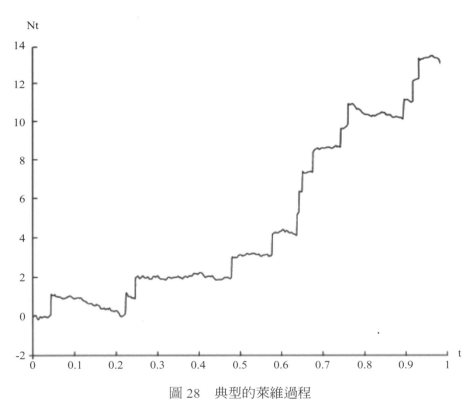

圖 28　典型的萊維過程

資料來源：Hirsa, A. & Salih N. Neftcit, S. N. (2014). *An Introduction to the Mathematics of Financial Derivatives*，電子版。

第三節　增強動能策略

　　如果挑選可靠的贏家股票做多與輸家股票做空，稱之為「增強動能策略」，Barroso & Santa-Clara (2015) 研究動能策略，用過去已實現波動度和波動區間相除，波動區間係指技術分析上常說的「平行通道」。基於這個測量，Wang & Yan (2021) 採用半變異數計算法，將股價持續上升（黃金交叉到死亡交叉的軌跡）與持續下降（死亡交叉到黃金交叉的軌跡）分開來計算，形成了「波動區間半變異數之動能」(constant semi-volatility-scaled momentum)。Daniel & Moskowitz (2016) 則是找到向上突破平行通道之 K 線，去計算往上增長的報酬率，形成「波動區間增強動能」(constant strategies-constant volatility) 和「可變規模動能」(dynamic scaled momentum)，等三種策略。Barroso & Santa-Clara (2015) 對波動度比例尺的衡量是以長期平均報酬率的標準差再除上某期間的預期波動度平均值得到比例值，如公式 (4-1)

$$W_{cMOM, t} = \frac{\sigma_{target}}{\hat{\sigma}_t} \tag{4-1}$$

　　σ_{target} 係指採用所設定的平行通道時間是以尚未大漲或大跌前的那一段橫向整理的時間，而 $\hat{\sigma}_t$ 則為所有個別較短時間波動度（標準差）的加權平均值，由於是預測值，因此會隨時改變其數值，這樣公式 (4-1) 的數值 $W_{cMOM, t}$ 會介於零與無窮大之間。Barroso & Santa-Clara (2015) 計算過去 6 個月（126 個交易日）動能的日報酬率來進行第 t 月的波動度預測，建立公式 (4-2)：

$$\hat{\sigma}_{MOM,t}^{=2} = 21 \times \Sigma_{j=1}^{126} \frac{R_{MOM,d-t,j}^2}{126} \tag{4-2}$$

此處 $R_{MOM,d-t,j}^2$ 是過去 126 個交易日的動能報酬之已實現日報酬率之平方值，且這個平行通道的動能策略也包括價格從通道上方掉落下的放空獲利策略，因此得到預期報酬率的公式應該是未操作區間所得之報酬乘上積極的動能操作所得報酬，如公式 (4-3)：

$$R_{CMOM}^{=2} = R_{MOM} \times \omega_{CMOM,t} \tag{4-3}$$

這個公式說明聰明的投資人理解動能會在一個波動空間上下移動，因此當觸及上緣時放空，觸及下緣時做多，直到產生不預期的變化，如向上突破或向下跌破，因而形成了一個增強的動能策略。若只做半變異數部分，只放空則稱為 sMOM，Wang & Yan (2021) 利用回測波動度來計算，也是使用過去 126 天，得到公式 (4-4)：

$$\hat{\sigma}_{MOM,t \cdot semi}^{=2} = 21 \times \Sigma_{j=1}^{126} \frac{R_{MOM,d,j,t[R_{MOM,d}-j,0]}^2}{126} \tag{4-4}$$

所以公式 (4-4) 的半變異數增強動能報酬等於是計算回檔之報酬率，且是由每個反彈後向下降的報酬率來計算。

可變規模動能策略的計算是以預期向上突破和向下跌破的預測平均值，來計算其投資人在平行通道內持股一段時間應有的報酬。當 K 線出現向上突破或向下跌破時，額外加入的短期報酬率。而要掌握這個報酬率使之恆常，仍然要在後續期間

內用夏普比率進行測度。夏普比率 (Sharpe ratio) 是指「當出現 1% 的股價波動度時，能得到多少程度的回報？」夏普比率是投資組合（個股）之預期報酬率減去無風險利率後再除以投資組合（個股）之波動度。所以當 K 線向上突破（向下跌破）後，其波動度仍大於風險溢酬，夏普指標更小，則不宜進行可變規模的動能策略，若風險溢酬遠大於波動度，則可持續此策略一段時間，我們將此公式設定為：

$$\omega_{dMOM,t} = \left(\frac{1}{2\tau}\right)\frac{\hat{\mu}_t}{\hat{\sigma}_t^2} \tag{4-5}$$

Hanauer & Windmuller（2023；HW 模型）依據這三個增強動能策略與一般的動能來比較哪種操作策略會比較好，他們再用 Fama-French 多因子模型進行橫斷面的比較，且以夏普指標作為每段續航力的檢定。而 HW 模型為避免被批評所用的波動度資料是歷史已知的資訊，因此引用 Bekaert & Wu (2000)、Barroso & Sanata-Clara (2015)，以及 Moreira & Muir (2017) 的文獻說明歷史波動度與未知波動度其實是具備高度正相關的。我們援引 HW 模型的研究，他們將實證結果放在圖 29，顯示動能的買進持有策略 (MOM)，以及三個增強動能策略（dMOM、sMOM 與 cMOM），所有策略的波動度都是以實測樣本來計算（樣本內），進而得到可變規模的動能策略 (dMOM) 之累積績效最優。尤其是在 2001 年期間，動能 (MOM) 趨勢反轉向下時，可變規模動能策略仍是向上，三個增強策略在 2008 年以後出現平穩化。

圖 29 說明了增強動能策略優於動能的原因是如果有個截

距項 α 可以被測得且保持一段時間的上升趨勢（多頭走勢），
則在長線保護短線下，運用可變規模策略的技巧，只要向上突
破平行通道便持續加碼，可得到的報酬將遠大於只以橫斷面發
現動能的投資績效。尤其是長線多頭走勢意味著將來不可預
知的利多消息將被納入於投資機會組合中。相較於運用 Fama-
French 四因子模型所做出的資產定價，MOM 的累積績效是比
另外三種增強策略為差。

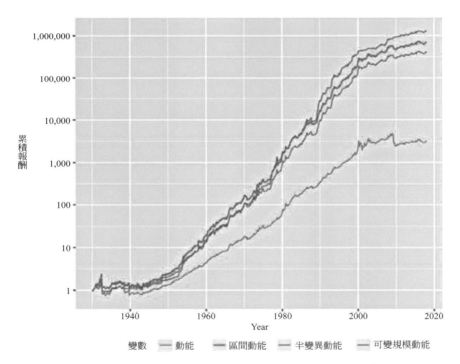

圖 29　以美國為主要研究對象之動能增強策略之累積績效

　　HW 模型指出非美國家的增強動能策略是以固定規模為優
（圖形不再列示），反而可變規模增強動能策略介於半變異數
增強動能策略與固定規模增強動能策略之間，當夏普比率越

高，動能出現的期間內，所組成的投資機會集合很明顯地有利於續航力之增強。Sagi & Seasholes (2007) 認為增強動能策略還是與公司特質有關，像是收入、成本、成長選擇權與暫停營業選擇權。Johnson (2002) 認為增強動能策略應建立在公司的股利成長率的與時變化，一個股利有成長的公司，其價值的逐漸增加會招來前後期持續正面相關的報酬。

第四節　放空動能基本要領

大股東減少手中持股，許多學者認為並不是預期未來盈餘變少，而是預期公司現金流量變少。Vuolteenaho (2002) 就認為在一鳥在手理論下，當現金流量變少時，便意謂著將來股利發放減少。雖然兩者並非絕對關係，因為公司有可能現金增資或借款來擴增營運資金，但目前情況下，現金流量減少就代表未來市值下降，如此就是一個股價下跌的訊號。Nagel (2005) 針對機構投資人相較之下低持股的上市公司分成五等分，視現金流量增加為好消息，現金流量減少為壞消息，討論持續放空的反向策略，從圖發現，是有續航力的（圖 30）。

針對機構投資人低持股之最少持股群且預期不會有現金流量增加的可能進行放空，以 36 個月為一期間，發現累積平均報酬可維持 18 個月，且累積平均報酬率約為 15%，但時間越長，標準誤就越大，尤其是在 18 個月後會出現軋空。圖 30 第二個走勢圖係屬於低持股群中，現金流量增量較好的股票群，在最好的情況下，約 12 個月，平均情況下約半年或最差條件下就馬上做多策略會產生負面報酬，且負面表現時間長達 36 個月，這說明了在機構投資人持股比例相對較低的股票群組，

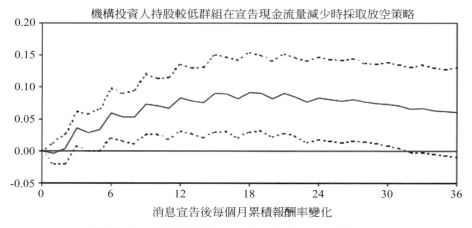

消息宣告後每個月累積報酬率變化

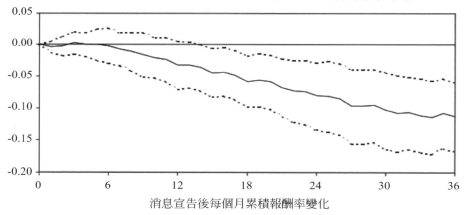

消息宣告後每個月累積報酬率變化

圖 30 機構投資人低持股條件下現金流量宣告後,執行不同策略之後的累積報酬走勢圖

資料來源:Nagel, S. (2005). Short sales, institutional investors and the cross-section of stock returns. *Journal of Financial Economics*, 78(2), 306.

即便有現金流量增加的利多消息,仍採取放空爲宜。

股票的放空時機其實也不難拿捏,在 K 線圖上一般是出現做頭現象和成交量不能再擴張了,這時候我們稱之爲買方壓

力下陷 (buying pressure subsides)，放空與成交量之間有前後期正面作用的自我相關，有可能是在股價漲多後，市場投資人在遞出買進單時出現劇烈的委託變動，認為資訊不對稱下，股價走勢出現大幅度波動。Diether, Lee & Werner (2009) 提出流動性自願提供者條款假說，認為在委託買單流量遞出與改單速度快，而股價也在無動能出現，便是可放空的訊號。

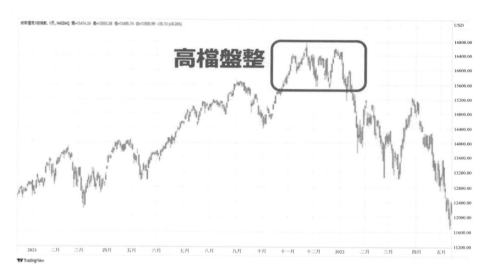

圖 31　高檔震盪的放空圖形

資料來源：TradingView.

　　股價暴跌也是放空的一個時機，通常股價暴跌較傾向於有一個大的事件在消息傳開前，整個市場很多公司的股價已經連番重挫，因此幾乎市場上任一股票的報酬率在起跌當日為基準，算出來都是負值的。第三是有傳染力的，大概同等級的股票都以下跌為主，具有高度相關性，且不受任一股票停止下跌所影響，甚至任一不再受影響下跌的個股會成為空方狙擊的對象。

　　從選擇權交易看出，價格大跌的崩潰 (melt down) 要較「融漲」(melt up) 狀態明顯，多半稱這叫做波動度傻笑 (smirk)，波動度傻笑是相對於波動度微笑來說的，波動度微笑是指隱含波動度（隱含波動度是透過選擇權評價所得到的理論值）與履約價之間的關係。波動度微笑是指若處在價平時，波動度最小，但若到期日相同而標的資產的履行價格不同之選擇權履約價較高或較低，其隱含波動度會越高。由於運用選擇權評價模型所算出的隱含波動度是相同的，但真實狀況則是因為標的資產的報酬率並非常數、標的資產價格的變動並非平滑連續，且會出現跳躍擴散 (jump diffusion) 的現象，與理論價格不同。

　　這不難理解，例如，在 2023 年 1 月，台積電的隱含波動度為 25%，而其 3 個月期看漲期權的隱含波動率為 30%。在這種情況下，期權交易者可以買入 3 個月期看漲期權並賣出台積電股票，從而捕捉波動率微笑帶來的套利收益。放空交易者可以根據波動度微笑來選擇投資標的。例如，在 2023 年 11 月，台積電的隱含波動度高於其他半導體公司。在這種情況下，投資者可以選擇投資台積電，以獲取更高的波動收益。

　　波動度傻笑是指當選擇權所投資的標的資產股票或指數快速下跌，致出現深價內或價外時，其波動度斜率的曲線保持向下走勢，如圖 32。波動度傻笑有幾個意義，首先，它可作為對後市的預期，如果傻笑向上陡起，代表賣權的隱含波動度顯著大於價內和價平，則標的資產的價格有下跌的趨勢。此外，履約價在傻笑的尾端表現通常都比較平緩，意謂著賣權的價外有較高的隱含波動度。再者，波動度曲線出現向下平滑移動，代表市場空頭氣氛較高且做多不可能在價內。最後，波動度傻

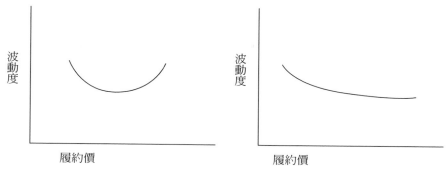

圖 32　波動度微笑與波動度傻笑

笑可說是市場對跳躍風險的預期，這可能是對接下來會發現的重大事件，如盈餘報告、市場重大新聞與景氣指標等都有所預期。

　　波動度微笑放空 (volatility smile put selling) 是一種策略，核心是利用短期期權的波動率高於長期期權的波動率的現象。它的具體操作方法是選擇一家基本面良好、股價穩定的公司，分析該公司的隱含波動度，並判斷短期期權的波動率是否高於長期期權的波動度，最後買入短期期權的看跌選擇權，並賣出長期期權的看跌選擇權。例如，假設某檔股票的隱含波動率為30%，其 30 天期看跌期權的隱含波動率為 35%，而其 90 天期看跌期權的隱含波動率為 25%。在這種情況下，期權交易者可以買入 30 天期看跌期權並賣出 90 天期看跌期權。如果該公司的股價在到期日之前上漲，則短期期權的看跌期權將失效，期權交易者將損失買入該期權的成本。如果該公司的股價在到期日之前下跌，則短期期權的看跌期權將盈利，期權交易者將獲得一定的收益。

第五章

公司獨特風險與預期
報酬

公司特有風險波動度 (idiosyncratic volatility) 意指公司股價的特有波動，也就是個別股價報酬率波動相對於大盤指數報酬率波動的敏感程度，又叫「個股報酬變異」(stock return variation)。投資學的基本定義是股價風險來源主要有兩個，其一為系統性風險，其二為非系統性風險。系統性風險也就是總體風險，在經濟大衰退的情況下，投資損失的機率提高，即使採用投資組合也無法分散風險。而個別公司所造成的風險，如產業前景很好，可是如何衡量此消息的價值？因而股價產生劇烈波動，或是公司發生事端，如執行長離職，引起股價崩盤風險，而此風險在一時之間是無法評估的。

像是宏碁集團的執行長蘭奇 (Gianfranco Lanci) 於 2011 年 3 月 11 日閃電辭職，這個消息就造成股價持續大跌。故事可參考維基百科或《天下雜誌》〈宏碁 CEO 蘭奇閃電辭職：「不認同，就閃邊站，不然就走」〉（陳郁馨整理）。在 2010 年 1 月 15 日時，宏碁股價達到每股 102.9 元新台幣的歷史天價，但在蘭奇離職事件後，股價於 2011 年 8 月 26 日跌到每股 28.85 元。在這過程中，先是蘭奇認為當時的董事長王振堂不接受產品多角化涉足平板與手機，後來王振堂也於當年 4 月 20 日請辭，宣稱蘭奇業績大好的原因是在海外設立子公司，將產品賣給子公司，實際上是海外庫存大幅度增加。

市場投資人偏向於關注公司特有風險波動度的原因，乃是投資人偏好持有其感受和習於了解的公司股票 (Merton, 1987)，若想投資陌生而不了解的產業領域，便必須尋找投資顧問諮詢，或是從閱讀新聞報導及財經雜誌入手，但在這種尋找資訊過程，自然更想要所投資的個股其買入持有後預期

報酬會較所付出資訊成本加持有成本為高，如此個別公司股價的波動度反而成為投資人對買入持有行為的認知 (investor recognition)。Durnev 等人 (2003) 解釋股價高波動（來回震盪）可能與公司提出新的營運計畫有極大關係，比方說，台灣觀光酒店的經營深受對未來來台觀光的中國大陸旅客數的影響，如果來訪人數十倍數增長，則飯店設施就必須儘早籌建或租用；若人數反而減少，就必須將多餘樓層做多角化經營管理。而影響此一營運決策的關鍵變數為執政黨的對中共友善程度，當有較好的規劃被知悉之後，市場投資人的解讀並非一致，保守者可能估百分數內成長，樂觀者則估數倍成長，這些估計數在信用借貸市場就有了不同的評級，股價波動也就與大家對未來基本面的觀察與判斷高度關聯了。

　　市場投資人面對好消息又苦於資金不夠，無法透過完整組合以持股 (Levy, 1978)，因而改為較短線而大量資金投入，也是造成公司股價大幅度波動的原因之一。當然，購買具有公司特有風險的股東，在持有一定期間之後，會產生正面報酬，如 Malkiel & Xu (2002)、Fu (2009) 都認為追逐個別公司，固然有較高風險，但只要掌握時機，仍能賺取超常報酬。在實務上如果要達到多元持股風險分散的目的，似乎並不容易做到，那單一持股或少數個股的投資組合，除了關注股價同步運動與產業外溢效果，就必須思考有哪些公司特有風險，對股價的影響至為密切。而想要找到公司特有風險的科學方法，其一是較低的貝他值 (β)，貝他值意謂著運用各種組合方式（規模效應、淨值市值比效應、本益比效應、槓桿效應與贏家對輸家的短期價格記憶效應）之後，對系統性風險的敏感程度，低貝他值就是相對於這些效應的敏感度偏低，那就代表這家公司可能有某種

獨特的事件將發生，而公司股價所反應的應該是這種獨特性，它的市場報酬率基本上與 FF4 所估出的同步之組合報酬率無關，也許是屬於新贏（輸）家組合的頂（底）端，尚不易被大額投資人所納入成為投資標的。

對於公司特有風險是否會造成股價預期報酬的看法有三派，一派如 Goyal & Santa-Clara (2003)，實證發現個股報酬變異仍受市場整體價格波動的影響，可是發生較高的系統性風險時，公司特有波動度對預期報酬率的反饋趨近於零。就這個論點，Morck 等人 (2000) 認為這與已開發國家與否有關，開發中國家的投資人保護程度不顯著，個股報酬變異較少發生，要靠股價同步運動，因為找個別公司的特有資訊是無謂的，成本高又多假訊息，不如盯緊產業變化或政府政策。這個典型的例子是 2024 年 2 月 5 日中國股市的「千股跌停」（參見當日各大報），然後中央政府就祭出各種活絡股市的政策方案，整體股市指數又大漲 200 多點，當然是股價同步運動為佳（2024年 2 月 6 日，《新新聞》：「昨日千股跌停、今天暴力瘋漲！國家隊接力出手，中國、香港股市見到曙光了？」，記者林彥呈）。

Bali & Cakici (2008) 也認為，如果不用 FF3 來估計一個投資組合的報酬率，而是另外組成一個「買進高風險股票並同時賣出低風險股票」的套利投資組合後，實證上發現，高風險股票的投資報酬並未有別於低風險股票的投資報酬。但是個股報酬變異會讓市場投資人注視。可是 Malkiel & Xu (2002) 從實證上主張，市場投資人會逐步增加高公司特有風險波動股票的持股，因為可能具有私有資訊，若以長期資料來看，錨定在動

能組合的市場投資人，其貝他值越高時，反而是公司規模、本益比與成長機會等因素對投資組合報酬率沒有影響顯著性，這時個股報酬變異將遠勝於任何投資組合。

以儲能產業爲例，隨著全球可再生能源發電比例的提高，儲能需求將不斷增長，儲能產業是指將電能儲存起來，再於需要時釋放出來的產業。包括：

- 儲能系統製造商：台達電 (2308)、中興電 (1513)、華城 (1519)、東元 (1504)、天宇 (8171)
- 儲能電池製造商：泓德能源 (6873)、昱晶能源 (3514)、茂迪 (6244)
- 儲能相關材料製造商：禾伸堂 (3026)

但從表 2 可知，也只有華城一家的個股報酬變異遠大於其他公司，這說明公司獨特風險（大範圍波動）打敗了投資組合報酬。

表 2　以儲能概念股爲例說明公司特有風險打敗投資組合報酬

股票編號	公司名稱	2023/1/1 收盤價	2023/12/31 收盤價	投資報酬率
1504	東元	27.3	46.8	71.43%
1519	華城	52.4	327	524.05%
1609	大亞	20.85	34.5	65.47%
1513	中興電	72.1	116.5	61.58%
2308	台達電	283.5	313.5	10.58%
3027	盛達	35.1	42.75	21.79%
6244	茂迪	34.1	30.1	-11.73%
3026	禾伸堂	90.1	97	7.66%

資料來源：台灣證券交易所。

　　第三位學者則認為高特有風險股票每月的權益市值加權平均報酬顯著比低特有風險股票為低（Ang 等人，2006），這種高特有風險引來低報酬的現象非常有趣，否定了高風險才會有高報酬的直覺，但也挑戰了前兩派的論述。不過有人懷疑先進國家對內部資訊揭露較完整且多為機構投資人持股，因此才會出現公司特有風險較高、預期報酬較低的結果，Liu (2014) 發現美國大多數投資人為了長期存股僅只會持有至多兩種股票，且若投資績效不好，會持有股票的數量就越少，而唯有感受到自己買賣操作不錯，才會增加股票資產，但不管怎樣就是不易去做投資組合。而不做多角化投資組合的理由是分散風險之事已由購買共同基金來替代。最有趣的發現是即便很有錢也不肯去進行投資多角化投資組合，是因為可以集中資金孤注一擲壓在某些單一個股之上。當然不做多角化的投資人就必須要忍受想要高報酬就會有高波動度與高偏態分布（就是前面很長的一段時間都在低檔橫向盤整，只有最後數天出現持續大漲的厚尾現象）。

　　Angelidis & Tessarmonatis (2008) 便發現小公司的特有風險對預期報酬有正面關係，但大公司的特有風險並不影響預期報酬。Jiang 等人 (2005)、Zhang (2006) 與 Diether 等人 (2002) 發現私有資訊越多的公司，可由分析師們對盈餘預測的報告上誤差項來看，誤差越大或是公司每年的盈餘變異程度較高，則股價報酬越低。Drew 等人 (2004, 2007) 探討中國股市與紐西蘭股市，支持此派論述。Shlefier & Vishny (1997) 認為具有公司獨特性波動度的股票，本身有機會被套利者納入對象，雖然放空成本較高，但因為預期前景（展望）良好的情況下，股價會有偏離基本面高估，值得套利。

第一節　與公司特徵有關的個別報酬變異

　　大多數投資人資金不足以形成投資組合，且可能因為某些行為偏差致購買股票後便須承擔較高的風險，因此風險與報酬之間是否眞有抵換關係，始終困擾著在市場上交易的投資人。最大的投資難題是不可分散的風險常常來得太突然，致蒙受不可預期的鉅額損失，例如，2022 年 9 月 23 日的黑色星期五，美國道瓊指數大跌近五百點，雖然市場分析師認為這是美國聯準會主席鮑爾對調整基準利率的看法，但這並無法證實其關聯性。股市驟然發生恐慌，其影響可能是在期貨或選擇權等槓桿市場採用保證金或權利金交易的部位被斷頭（券商或期貨商將部位直接在市場上不計價賣出，致投資人失去這些部位後，可能還要被迫補繳差額）。因為系統性風險常常是來之極快又很難預判，因此許多投資人寧可持有一檔或少數股票，也不願意做投資組合去分散風險。此時在不同時期應該保留多少現金以應變，就成為投資成敗的關鍵因素。而公司的營運狀況並非外部人易於了解，因此對於公司未來獲利能力的猜測所導致的投資人意見不一致會演變成一種股價波動風險。

　　對於股價會產生波動的現象，傳統的看法是若資訊透明則股價僅會反應基本價值，由於個股期望報酬的組成是資本利得（損失）加股利支付率，若資訊不透明，則股價反應雜訊，構成必要報酬率的部分可能是價差，那就與股利支付率無關。因此資本利得（損失）的停利（損）都會使交易趨向於短期而不再關心股利支付率是否會影響到整體報酬率。但若想要長期投資，則無視於資本利得（損失），如此股利支付率便是必要報酬率，則股價波動會小，但若資訊不透明，無法推估合理股

價，則股價僅反應雜訊，構成必要報酬率的部分可能是價差。
於是 Aman (2011) 要查清楚影響股價波動的關鍵因素是資訊透
明度，因此將公司揭露內部資訊的當日其股價波動視為個股報
酬變異，拿來與整體市場當日的指數報酬率之波動度做比較。
而資訊揭露的品質，關乎是否令完全反應在股價上，因為管理
者揭露資訊的輕描淡寫或常以樂觀的方式對外釋放消息，也容
易讓市場誤判，當然外生因素的不確定性也很難控制，所以公
司特有風險也跟資訊揭露品質有關。

現金流量有別於會計盈餘對公司獲利能力的估算，因為會
計盈餘容易被管理者在美化財務報表的條件下修飾。逐期試算
營運現金流量，發現其變異程度很大，可視為公司特有風險，
因為營運現金流量（前後期並不穩定），可視為是一種公司困
境，對投資人來說，買入持有的風險很高，需要較多的報酬來
做補償，這產生的高報酬變異是傳統投資學觀點常忽視的超常
報酬現象。如果長期看，因營運現金流量可能受季節性因素影
響，那種向均數復歸的特質，若依月（季）資料來估算，很難
查出對市場報酬變動的直接關聯，但若從選擇權的歷史波動度
與隱含波動度來看，就會發現營運現金流量的波動越大，則當
月分的個股報酬變異也就越高。有些時候營運現金流量不穩定
也代表公司與其契約合作商之間的關係並不穩定，顯見違約風
險高而有較大之財務困境。Chan & Chen (1991) 將目光放在小
公司，認為在景氣變差的時期，小公司有較高的財務槓桿和較
差的營運現金流量，股價波動度自然為高。

Baker 等人 (2003) 認為個股報酬變異係公司採取融資決策
所傳達於市場的訊息造成市場投資人的猜測，進而產生的公司

特有風險，他們認為公司的投資決策較營運現金流量對股價的影響更為敏感。尤其公司處在擴充發展階段，可能對外籌資活動（舉債、權益融資）更為積極，因融資限制越高就更要主動籌資，這種情況易於反應在股價上，而其資金壓力都會造成公司特有風險的波動。公司財務是否受限還是與其未來的經營藍圖有關，如果公司維持現狀而能賺得一定現金流量，自然不是財務受限公司，若公司想要擴大或延伸進入新市場、新技術或新產品，則融資活動必不可少。最差的情況是好的前瞻性卻遇到很糟糕的景氣循環，此時若有動用抵押品借款或信用市場利率攀升，則市場投資人的意見會相當分歧。有些投資人會認為經濟緊縮時期，抵押品價值自然下降，股價也會向下調整，或是短期負面衝擊可能會迫使公司改變決策，致投資計畫被延期或遲誤，因此股價將大幅度波動。

　　所以一般投資人從公司的槓桿比率來觀察，當公司的負債比率較高且利率趨勢上升時，若公司還想對外籌資，對股價的預期便傾向於審慎樂觀；而若負債比率較低或利率趨勢向下時，反而又覺得財務受限公司的籌資金額多寡會影響到對新事業的成功比率。若資金借取越多，可能成功率越大，股價將像得到樂透一樣大漲。

　　造成股價震盪的原因，可能是來自於散戶薄弱的償債能力以及殺進殺出所造成的間斷式投資 (discrete-time)，信用交易成為必選課，這也隱示投資人投入股市的資金太少，且干擾著他們日常消費，一若操作不慎便會因為生活消費等問題被迫做買賣交易決策，而不是個股走勢，也不是判斷正確與否。這些散戶基本上沒有能力參加顧問公司成為會員，或聘請專

家協助蒐集有用資訊，因而如橡樹資本 (Oaktree Capital) 的創辦人霍華‧馬可仕 (Howard Marks) 所說的一次效應 (first-order effect)，只要是新聞所示，不管是政府資訊還是個別因素都會影響他們操盤的方向，他們所相信的資訊可能對個股變異並沒有太大的影響。他們因為償債能力有限，不會有馬可仕書中所說的二次效應 (second-order effect)，也就是當股價大跌出現斷頭或是向上跳躍擴散時，並不再有大量投入加碼追價的能力。因此他們只要做到押注對了就加碼，否則不敢再投資，而他們現金累積越多，就是顧慮到手上套牢的多，不願意再去押注有可能會押對的股票，這也是投資人喜歡波動性高的股票卻並未能得到高報酬的原因。

第二節　法馬與法蘭奇 (Fama & French) 三因子模型到五因子創新模型

　　一般推估公司特有風險波動度的方式，如 Xu & Malkiel (2003)，他們是求出 Fama-French 三因子模型（以下簡稱 FF3），再將必要報酬率中不能被三因子模型所解釋的部分視為公司特有風險，也就是以估算必要報酬率所必然產生的殘差項作為公司特有風險。在財務學上，一般確信個股預期報酬與公司的獲利能力及投資有關，而衡量比較個別公司的報酬好壞，最簡單就是用帳面價值去對比市值。但這可能產生一種情況，就是相同市值對帳面價值比（以後簡寫成 MB），但股價卻高低不同，從股利折現模式看，可能偏向於未來股利的減發，這等於是去買相對低價（較低 MB）的投資人在未來會遇到較大風險，Fama & French (1991) 驗證了高 MB 的投資價值

有顯著異於低 MB，因此他們將 MB、公司規模與成長機會組成投資組合來捕捉波動度。

三因子投資組合主要是想找出股價超常報酬的變異，Campbell & Shiller (1988) 認為會計帳目不清楚直接影響到對股價評定的工作。此外，若說組成合理股價的因素是內部報酬率加未來股利，則高本益比代表公司未來可能的股利會越高，但這等於是目前的內部報酬率會降低，有時候公司趁此機會乾脆進行現金增資或股票分割，公司規模擴大若能減低股價異常現象，則公司規模就對超常報酬有影響。在過去市場投資人較多而機構投資人較少的時代裡，市場投資人並無法組織起來，要求政府制定一些有利於投資人的法規，甚至政府整體本身就是貪腐的，自然他們的政策是以少數人利益為優先，或是管制事業太多，這都造成了市場資訊不可靠的現象。

那麼處在市場資訊不完整的條件下，政策的影響可能分別對大公司或小公司有影響，可能對成長型公司或價值型公司有影響，例如政府推動國營事業民營化，那政府注資的銀行（官股）應該被評定多少價格在股市上市？這評價過程就是一種謎團，而評價過低及釋出於市場的股份比例過少時，將來上市就會形成投資人的追價，形成了大公司規模溢酬的現象。而國家政策若偏祖於中小企業，沒有環保要求或較低的水電收費，這時政府是以社會成本來換取中小企業的獲利，如果某些中小企業又有官商勾結，則中小企業上市後自然會產生超常報酬，但政策取向通常不是有利於中小企業（減稅、補助、特別扶持、策略型發展）或大企業（鼓勵購併、給予董事長或執行長參政立法權等），因此兩群相減 (SMB) 就可以抓住某些解釋變

數。Banz (1981) 研究 1926 年到 1975 年這段期間紐約證券交易所上市公司普通股月報酬資料，發現小公司的風險調整後的平均報酬高於大公司，且 Reinganum (1981) 亦發現小規模的投資組合報酬較大公司規模之報酬為高的異常現象至少會持續兩年。

　　同樣地，成長性高的公司其未來價值必大於低成長性公司 (HML)，有些公司獲利差但股價高，有些公司獲利好但投資人知道沒什麼吸引力，反而不怎麼在次級市場中追價，這就形成了對投資組合超常報酬的解釋力。Fama-French 三因子模型的公式如下：

$$E(R_p) = R_f + \beta_1(R_m - R_f) + \beta_2 SMB + \beta_3 HML + \gamma \tag{5}$$

　　這個 γ 即為公司獨特風險波動度，一般稱之為直接分解法 (direct decomposition method)，相對直接分解法的間接分解法，係 Campbell 等人於 2001 年所倡導。間接分解法乃同步計算個股波動度與市場波動度，其中個股波動度係依造個股之每週平均報酬率，由每日股價報酬率去換算每日移動個股波動度，而市場波動度則是由每日報酬率去減每週平均報酬率換算成市場波動度。FF3 在強調不同投資組合下的貝他值 (β)，貝他值是指個別投資組合預期報酬率相對於整體市場的預期報酬率，若發現大盤處在盤整期，這段期間預期報酬率為零，設若有兩種股票，一種是高（低）財務限制的公司，負債比高（低）使得想要長期投資者發現未來分得股利為零（多），則放棄（買入）持有或放空（做多）該類型股票，使之貝他值較

高，因此可由財務負擔來進行持股調整以創造打敗大盤的獲利。此外若發現大盤處在空頭向下階段，投資人知道高 MB 股的長期收益率大於低 MB 股，因此做多 HMB、放空 LMB，形成 HML（higher MB minus Lower MB，就是將股票總數分成 $10 \times 10 = 100$ 個投資組合，將其中高市值相對帳面價值比的一組平均報酬率做多，而低市值帳面價值比的一組平均報酬率放空）的投資組合。

　　假設有一個完全資訊透明的市場，股價未來的波動較小，除了對公司前景有影響的外界因素，股價的波動方向是可預期的。可是大多數市場傳遞資訊都是不完整的，越是「掠奪型體系」的市場，政府法令不能遏制特權的產生，於是消息的正確性並不重要，投資人靠猜測進行交易，因此投資人必須仰仗公司內部的融通決策來猜測未來股價的漲跌趨勢，如此資本支出的決策就成為投資買賣股票的依據，但這些決策只是一個訊號，並非立即有效且可靠的資訊，因此成為了公司股價的特有波動度。一個投資組合的報酬，可以拆解出：(1) 完全與大盤無關的預期報酬，這也可說是無風險報酬或是大於無風險報酬的截距項。(2) 在本來被定義為風險溢酬與公司特有風險的部分，且兩者可能高度前後期自我相關，現在卻可從這一塊中再分出可能有多個因素，如市場本身對組合報酬率的因素、公司規模因素與成長因素，當三個因子的解釋變數顯著地找到了，扣掉這些影響與截距項部分，就是公司特有風險波動度。

　　法馬與法蘭奇的五因子資產評價模型（以下簡稱 FF5）是 FF3 之強化版 (Fama & French, 2015)，引入了兩個創新因子，一個是獲利能力，另一個是投資因子。Fama & French (2015)

針對美國股市，而 2017 年發展出針對北美、歐洲和亞太國家
進行研究，他們的觀點是創新五因子並不適用於全球各權益
市場 (Fama & French, 2017; Griffin, 2002)，但 Daniel (2001)、
Kubota & Takehara (2018) 與 Chiah et al. (2016) 運用這個創新
五因子模型，在日本與澳洲的資料都有股價超常報酬現象。
FF5 發現股價異常報酬的現象可能有很多是來自這家企業的多
國營運政策或多角化投資組合，因此將公司分成穩健的營運現
金流量 (Robust) 與較弱的營運現金流量 (Weak) 兩群，也就是
做多 R 並放空 W，形成 RMW 的投資組合。

此外，再多做一個投資組合是有保守的多角化投資策略
(Conservative) 與積極進取型的多角化投資策略 (Aggressive)，
也就是做多 C 並放空 A，形成 CMA 的投資組合。他們認為如
果可以在所有股票的上漲與下跌之間，找到一個平均數，而此
期望報酬率為零，那是什麼樣的投資組合在持有一段時間後
會出現正（負）市場報酬率最大的一群？Huberman & Kandel
(1987) 主張「平均數 – 變異數 – 效率與相切點的投資組合」，
意味追求組合在零報酬之條件下，怎樣才能得到這種組合，於
一段時間後卻能為最大報酬？換言之，隱藏著營運政策與投
資策略所強調的尋找出手的時機能力與挖掘價值錯估的選股能
力。

法馬與法蘭奇的五因子模型並不難理解，營業收入增減的
宣告可能會影響股價的波動，但究竟是個股報酬變異還是股價
同步運動，便很難推論。如碳排查必然具有很大的市場潛力，
但究竟能創造真正營收的是哪一家？是會產生股價同步運動，
還是少數關係好的企業獨占壟斷整個市場（這當然需要政令配

合）？因此營收與股價報酬的關聯性便成為爭辯的熱區。

　　FF5 因子則從營運現金流量的穩當與否和較差來做比較，畢竟宣稱能從市場上賺到錢，不如觀察其營運現金流量的變化史，越穩健越值得信賴。HML 因子與股利折現模式的成長機會有關，而股利折現模式可直接換算成內部報酬率，這個內部報酬率的計算隱含與多期現金股利和期望報酬率的關係，只是未來多期的期望報酬計算基礎與公司多角化投資有關，而這種多期報酬的預期報酬率必然與時間跨度攸關，例如有些投資是為了增進永續價值，可能前期投入成本高，MB 比例低，但長期算在無形資產價值或碳權內，將有助於內部報酬率的提高，所以這就是要將投資因子納入五因子組合的原因。

　　FF5 的實證結果表明，RMW 和 CMA 因子對股票預期收益率具有顯著的正向影響。這意味著，盈利能力越強、投資活動越積極的公司，其股票的預期收益率越高。Fama-French 五因子模型的提出，對資產定價理論和實踐具有重要意義。該模型為投資者提供了更為全面的風險衡量框架，有助於投資者更好地進行投資決策。可是 FF5 也有缺點，像是新興工業國家的中小企業比較多，在 RMW 與 CMA 的區劃上將會有較多的公司被放入 100 個組合中的後邊，而僅很少數放在前面，所以誤差值會大很多。中小上市公司會造成非同步交易 (non-synchronous trading) 的現象，這就是一種公司獨特的風險。

　　非同步交易的真實原因乃是不同的公司有其不同的交易特質，如台積電這種公司是發行商之最愛，其本身除了股票外，還有存託憑證、選擇權、認股權證，以其為主要標的的期貨等，這檔股票的交易時間將會是 24 小時都有的，因為可操

作的標的不同，也就有很常見的套利交易。但市場上總是會存在「仙股」，也有許多無法連續交易的小型股票或全額交割等的股票，這類股票有時候還要預先圈存資金，不像一般上市櫃公司可以營業日後兩天再赴交割款。顯見即便是相同的股市收盤價，但有些公司可能當天最後一筆交易是在收盤前很早的時間。非同步交易意味著不同的公司對市場有不同的影響力，而仙股很容易造成股價崩盤風險。

第三節　股價崩盤風險 (Stock price crash risk)

市場投資人若以投資組合的方式持有股票，那他會以組合風險及組合報酬的一定比例來衡量投資績效。可是這種邏輯仍有很大的矛盾，也許就僅是其中一檔成分股所造成的大幅度虧損，便將致投資績效變得很差，倘若是三大法人，那有可能失去持有基金受益人的信任，更是摧毀其基金價值。股價崩盤風險多半是公司管理者為了保護工作，在面對績效不彰的壞消息時，盡量隱匿不報，直到壞消息持續惡化達到一個臨界點後，管理者放棄隱匿以至於消息突然揭露時，造成市場投資人恐慌而拋售持股所形成的股價連續重挫的風險。造成股價崩盤風險的另一種說法是投資人信任感的嚴重衝突，此種衝突源自於一些對後市悲觀者的表述不完整，而仍堅持不同信念所形成的一種像是掌握私有訊息的顯示，這種讓其他投資人感到詫異的舉措，如對某些預測的下修主張，將造成股價崩盤風險 (Berrada & Hugonnier, 2013)。換句話說，股票市場投資人會殺進殺出，乃是因為取得不完整的資訊，他們因為取得的資訊不完整便會造成股價反覆買賣（就是前面提到的 discrete-time），進

而加上對股價預測所產生的落差，這都會影響到最後的公司特有風險。

　　例如泰山公司在 2023 年 6 月 16 日宣告將原本要發給的 4 元現金股利改為 0.56 元，想要發放的股利下修 (downgrade) 後，股價在 6 月 19 日就慘跌 7%，終場以 28.55 元作收，其後一路下跌到 20 元左右，參見圖 33。

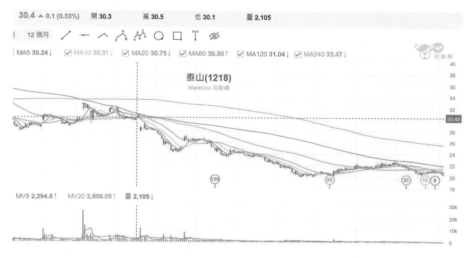

圖 33　泰山股利下修宣告後股價崩盤風險
資料來源：玩股網。

　　泰山公司的下修宣告來自於大股東中有影響力者對未來悲觀，而投資人根本無從理解其原因與理由，這就造成了股價向下大跌的走勢。如果市場投資人對下修缺乏敏感度，將會是長期套牢的處境。

　　股價崩盤風險也深受投資人、立法人員與政府單位所注視，從 2006 年開始許多學者針對整體市場的資訊透明度與整

體市場的股價崩盤風險進行討論，Jin & Myers (2006) 討論了
四十個國家，而 Hutton 等人 (2009) 採用美國上市公司的資
料，發現公司財務報表內資訊的揭露越清楚，則股價崩盤風
險越低，他們認為股價崩盤風險來自於公司持有較高的私有
資訊。Kim 等人 (2011a, b) 發現股價崩盤風險與公司避稅及財
務長的員工選擇權獎酬計畫大有關係，且 Kim & Zhang (2011)
認為會計政策偏向於保守主義，對壞消息加以掌控，這種態
度會使得壞消息累積到一個門檻值後，就像大壩潰堤般。Cao,
Coval & Hirshleifer (2002) 與 Zhu (2016) 認為這是一種資訊不
靈光 (information blockage) 現象，是一種股價上漲期間對報酬
反而偏好保守，可是股價下跌階段反而是正面期待的現象。

　　股市常聽到一句：「新手死在山頂上，老手死在半山
腰。」這起因於對行情轉換的不了解，在大多頭架構下，誤以
為股價下殺只是回檔整理，而大多頭架構又與技術面上所強調
的向均數復歸 (mean-reverting) 有所矛盾，於是會產生一種從
壞消息中找好消息來減緩套牢壓力的心態，直到發現虧損很慘
時，就採取認賠方式處理（俗語斷頭）。

　　許多學者指向財務報表上的編製漏洞，可能是因為對於
壞消息的揭露偏向於保守，像是對訂單的流失還有期待回溫，
或新產品上市的銷售不如預期，但仍樂觀期待，導致不願意接
受業績下滑的事實，或是對壞帳的認列有所保留等。Ball 等人
(2000) 針對中國上市公司的調查，被發現這些上市公司不喜歡
以國際財務報告編製準則來編表，以至於常違背及時性原則，
讓分析師根據財務報表資訊對未來做預測有所偏誤（Firth 等
人，2013；Gu 等人，2013）。華人社會的主事者因擔心壞消

息的及時揭露，容易產生不脛而走的快速擴張現象，將無法再以好消息來減少負面衝擊，所以對內部資訊多傾向於擴大對樂觀前景的描繪，避免公開觸及壞消息，或是覺得壞消息是可以靠努力減輕。另一方面是，中華文化的底蘊對自身壞消息也有避免張揚的情結，尤其是當自己是管理者時，這被稱為「不張揚致偷存壞消息假說」(bad news hoarding of stock price crash)，而分析師顧及要維持與管理當局的社會相容度和關係網絡，對壞消息也不願意加油添醋，通常僅以「保守」、「審慎樂觀」等字句來表示，很容易造成投資人誤解，因而當壞消息的訊息量積累到一定門檻時，就會產生股價崩盤效果 (Jin & Myers, 2006; Bleck & Liu, 2007)。

有關股票價格崩盤風險的作法，係以報酬率的負偏態 (negative skewness) 與正負報酬的波動 (down-to-up volatility) 作為衡量公司股價崩盤的衡量指標。先是估計個股報酬率對於前二期至後二期的市場與產業報酬的迴歸式（Kim, Li & Li (2014) 以相對於 MSCI 股價報酬指數，Andreou, Antonion, Horton & Louca (2016) 與 Callen & Fang (2013) 以 CRSP 價值加權股價指數，Lee (2016) 以台灣加權股價指數，Li; Wang & Wang (2017) 以中國 A 股指數作為指標），公式如下：

$$r_{i,t} = \alpha + \beta_1 R_{m,t-2} + \beta_2 R_{m,t-1} + \beta_2 R_{m,t} + \beta_4 R_{m,t+1} + \theta_1 R_{1,t-2} + \theta_2 R_{i,t-1} + \theta_3 R_{i,t} + \theta_4 R_{i,t+1} + \theta_5 R_{i,t+2} \qquad (6)$$

其中 $R_{i,t}$ 是 i 個股於 t 期報酬率，$R_{m,t}$ 是 t 期市場報酬率，$R_{i,t}$ 是 t 期產業報酬率。殘差 (ε) 是用於衡量公司特有的 t 期報酬，乃由公式 (6) 所計算的殘差值進行自然對數換算後加一，

而報酬分配的負偏態 (NCSKEW) 則是由 t 期公司特有報酬的
條件值呈現負向偏態所得出：

$$NCSKEW_{i,t} = -\ [n(n-1)^{3/2}\Sigma\varepsilon_{i,t}^2]/[(n-1)(n-2)(\Sigma\varepsilon_{i,t}^2)^{3/2}]$$

(7)

NCSKEW 顯示具備代表崩盤風險的意義。

第二個是正負報酬的波動 (down-to-up volatility)，是分別
計算超過或低於年均值報酬率的個別公司特有報酬的標準差之
自然對數比，如公式 (8)：

$$DUVOL_{i,t} = \ln[(n_u - 1\Sigma_{down}\varepsilon_{i,t}^2)/\ (n_d - 1\Sigma_{up}\varepsilon_{i,t}^2)]$$ (8)

此處 n_u 是指大於平均報酬的公司特有報酬樣本總家數，
而 n_d 是指低於平均報酬的公司特有報酬樣本的總家數 (Chen,
Hong & Stein, 2001; Kim et al., 2011 a, b; Kim & Zhang, 2016)。

計算波動度也可能是為了防範崩盤風險，當波動度很大可
是報酬相對較小時，一般我們管它稱作「槓桿效果」，而這些
變數與報酬之間所產生的波動在短期內是正面的自我相關。

另一種股價崩盤風險固然並不是股價跌到可能要下市的
狀況，但許多超乎預期的、可說是回檔的現象，也等於是打了
看好股價的投資人一個耳光。這種新上市發行謎題 (new issue
puzzle)，就與第一章提到的過度自信有關，而新上市發行之謎
主要發生在上市風潮時期，上市風潮是指在一定時期內，企業
上市的數量和速度明顯增加的現象。上市風潮往往伴隨著股市

的繁榮，投資者的熱情高漲。上市風潮的原因有很多，包括經濟發展有利於企業，也為企業上市提供了良好的環境、政府的政策支持，如降低上市門檻、完善上市制度等，也促進了上市風潮的興起以及股市的繁榮，吸引了更多的企業上市。然而，上市風潮也存在諸多的風險，如資訊不對稱而造成的炒作風險或過度自信所造成的崩盤風險。

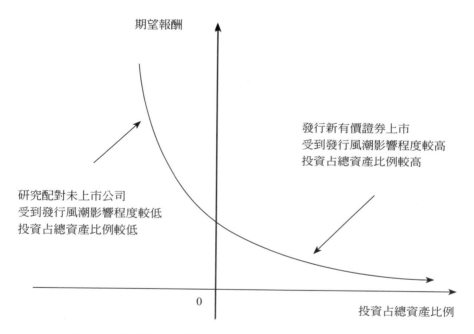

圖 34 公司新上市發行股價回測及上市發行之謎的解釋

資料來源：Lyandres, Sun, & Zhang (2008). The new issues puzzle: Testing the investment-based explanation. *The Review of Financial Studies*, 21(6), 2825-2855.

　　對承銷商承銷公司發行新股上市，可以從是否處在發行風潮期間來討論，在圖 34 中顯示，若投資占總資產與期望報

酬皆爲零，這是一個新上市公司不需要爲資本支出而向投資大眾籌資的臨界點，通常在未上市時投資越少，公司現金流量越多，未上市股票投資人知道公司有較多現金，會樂於買入持有個股，而投資占總資產比重越高，期望報酬受到與上市風潮的影響越大，則新上市公司股東的期望報酬會越少。若視投資爲基礎的角度來解說公司新上市發行之股票，顯示投資與報酬之間關係爲負是有條件的，其關鍵詞是公司不投資就等於有較低的資金成本需求，而有較多的可支配現金流量。

第四節　樂透型股票的獨特風險

　　所謂樂透型股票係指一漲再漲，持續大漲的股票，這種股票本身具有動能的特質，但並不完全能以動能來解釋。除了並非股價同步運動且與內線交易所有大量內線消息外，最主要的是具有低價（低價讓賭博活動成本較低）、高報酬偏態（因爲不像是動能具有瞬間大漲、拉回、再漲的特質，而是在無任何更好的資訊下股價持續大漲，也看不出是公司內部人去買回的），還有大漲完就崩盤的恐怖走勢（極高的報酬波動）；另一個特色是大漲前必然具備冷門股與價值型股票的特色，或說是低波動度變異。

　　目前的研究發現樂透型股票顯然沒有股價同步運動，但這種股票反而有報酬共變的關係，其因來自於會集體炒作者，可能是同一群具有賭博偏好的，當他們開始交易頻繁、積極具有較強的行爲偏好時，會易於創造一種氛圍，令市場投資人轉向參與。可能是處在交易清淡的冷市，當大多數股票沒什麼人去交易時，反倒是這類股票被拉抬且出現買賣超共變的情況

(Hasbrouck & Seppi, 2001; Corwin & Lipson, 2011)。

　　有些學者認爲市場投資人偏愛樂透型股票是一種「機率幻覺」，他們將押中樂透式股票的漲幅感到無比的幸福，自信可以在下跌崩盤前出清，將押注成功的機率值高估，會遇上崩盤風險的機率值低估。Brunnermeier, Goller & Parker (2007)、Mitton & Vorkink (2007) 與 Barberis & Huang (2008) 都認爲投資人皆是在股票持續大漲後確認這種股票還會再上漲而追價，在整個大漲階段中，實質獲利遠低於整個股票上漲區段的獲利，但追價的幸福感高於完全報酬。所以 Kumar (2009) 解釋這是一種樂透異常現象，代表投資人在相互追漲殺跌的過程中，常會產生將合理價格高估，又不輕易認賠賣出，以至於在短期內雖然獲得較大報酬，可是長期下來卻因爲來不及設停損，或震懾於崩盤走勢而慘賠。至於在報酬率的期間分配上有右方正報酬、左方負報酬且損失較平均報酬爲高的現象。追逐樂透型股票的投資人，Agarwal 等人 (2022) 發現有 5-16% 爲機構投資人。

　　樂透型股票常常是市場上一時之間特別關注但與基本面無關的，這些股票之間的關聯性可能就只是大多數股票不漲，少部分股票齊漲卻都沒有任何關聯，只有「超額報酬共變」現象。投資人多半是希望買入後能享有後來的漲幅，但多不知道隔日以後會不會漲 (Gao & Lin, 2015)，比方說，海峽兩岸關係緊張，中共圍台軍演與美國開始審查對台灣軍售，這時候所謂的軍工股大漲，而這些大漲的軍工股只是投顧分析師或新聞媒體亂報導，他們的產品線未必完全是替軍火商生產，然而就被擴大解釋爲專業的軍火製造商。這種樂透型股票非但是投資人

的賭徒心理，也是因為小群體的吹捧、某些股票向來就具投機性，如公司高層形象本來就是愛炒股票或公司的企業文化投機性很高等，樂透型股票常會被機構投資人追漲。

Akbas 等人 (2015) 指出基金經理人會出資購買漲過頭的股票，因為他們可以合理化持有這些股票的短期貢獻，好向受益人交代，或是近期績效太好，想要撥一筆錢來對賭，賭贏了仍對原超額報酬有正面貢獻，若是賭輸了也無妨，減損一些績效後，有助於降低基金淨值好進行對外促銷。當然也有一些基金是受到市場情緒的影響，如 2022 年下半年很多元宇宙 ETF 基金開始募集，指名投資「Solactive 元宇宙科技與服務指數」，許多是為了押注而成立，以至於像「大華元宇宙科技 50(00906)」，就是因為熱潮過後才募資完成，反而因為受益人太少而下市。

有趣的是，有學者將樂透彩券累積高額獎金時與樂透型股票發生的時機做調查，發現樂透型股票的投資人明顯地會在高報酬低勝率的樂透彩券押注前，與樂透型股票的漲幅呈現負關聯性。換句話說，樂透累積獎金的金額越大，則樂透型股票多走回原來的低波動度時期的價格，直到以後才有機會反轉為樂透型股票。基於這個理由，也有學術論文驗證在新年期間（賭博偏好較高），投資人會在過年前買進樂透型股票，並在新年期間因為許多獎金取得並非可預期的，當所領獎金超過預期時，更加大量買進樂透型股票，以至於市場上追價的將是「超額報酬共變」而不是基本面題材，這也在財務行為上被稱之為私房錢效果 (Doran, Jiang & Peterson, 2012)。「私房錢效應」，是指人們會將追求突然得來的財富，即便是獲利一點

點，只要能賺到就敢去賭博。

又有文獻指出，散戶與機構投資人在樂透股的選股時機上仍有不同，容易受到景氣繁榮的影響而提高自己的風險承受度，認為透過投機行為有助於快速致富，不如在行情大好時勇賭一把。當然也不能說散戶這種投機心態是受到對未來前景樂觀所影響的，因為我們看到了一些是「超額報酬共變」的個股之間的拉抬而與基本面或未來成長性無關。主因仍是散戶認為未來股價上漲空間很大，主觀認定未來實現極高收益機率很高，產生這種機率幻覺，就像是樂透彩的彩金越高，你認為只要更多人集資一起買，中獎機率就越大一樣，他們過度偏好一些媒體吹捧但卻沒有前景或基本面根據的超額報酬相關的股票。

投資人偏好樂透型股票，想要從低波動效果中去押寶以賺取超常報酬，是相較於高波動度的股票，因為高波動度股票具有上下來回震盪的走勢，對於套利者來說，雖然想逢高放空，使股價回復到基本合理價格，但是因有放空限制，很難達到放空獲利的目標，因此投資人會將目光放在本期低波動度但下一期可能有超常報酬的股票。Brunnermeier, Gollier & Parker (2007) 指出當某些股票陷入高度震盪時就會去買哪些低波動（通常 K 線只是小陰小陽），直到出現高偏態（一根長陽棒沒有上下影線或很小）的股票，只要一出手便獲利，投資人就越易於受挑戰去買入這類股票 (Fong & Toh, 2014)。

第六章

市場流動性

第一節 反流動性

從 Amihud & Mendelson (2008) 開始，越來越多的文獻發現，流動性對股價報酬具有預測能力 (Brennan & Subrabmanyan, 1996; Brennan et al., 1998)，Jones (2002) 以 CRSP 價值加權股價指數來探討從 1932 年到 1998 年的時間數列發現，若抓住百分之一的標準差，其成交量若從 30% 增加到 42%，則次年市場預期報酬率大概會減少 13%。

買賣價差顧客效果 (spread clientele effect) 被用來解釋反流動性現象，認為買賣價差較高，較易被長期投資人接受，代表能接受低波動，但個股的周轉率較低，反之高流動性致買賣價差較小的，偏好由短期交易者所持有。買賣價差常被視為一種交易成本，若個股本身周轉率較低，則買賣價差較大，也就是要買的委託單所揭示價格較低，而要賣委託單所揭示價格較高，使得投資人若急於求售（購），會產生買貴（賣賤）的交易成本，因此影響投資人願意進場買賣的數量，當買賣價差較大時，反流動性現象越明顯。

所以某些學者認為買賣價差較大不利於短線客（因交易成本較高），而長線者樂於在日後價格走到合理價位時再買賣，通常這個合理價格被認為是流動性溢價 (liquidity premium)。不過大多數長期投資者對溢酬並無偏好 (Gevais et al., 2001)，認為是週期反應的現象，如「元月效應」(Elesqarapu & Reinganum, 1993) 在一月的交投較熱絡時，流動性較高，也就樂於進場賺取流動性的溢酬，其他時間市場較冷靜，略微調節手中存倉持股，也就不在乎有沒有較大的價差。

流動性的變化可以從時間序列的角度來觀察，也可以從

橫斷面的角度來看。由於理論上都主張形成一個投資組合來進行預期報酬率—變異數的分析，可是實際上因為市場是有摩擦性的 (market frictions)，也就是放空本身受到限制 (short-sales constraints)，因此會產生投資行為上的不理性，亦即當持股產生高報酬時，賣出的數量減少而買進數量增加推升了股價的高估，而這種股價高估本身便是一種訊號。也就是投資人們會因為去購買某種股票易於獲利而追價形成市場風潮，使得願意投資的人群增加，造成情緒性衝動 (sentiment shocks)，這時候市場流動性與股價同步上升。

　　流動性受到投資人情緒性因素的影響，Baker & Stein (2004) 認為在景氣繁榮的年代，投資人搶購股票會有較高的市場流動性，而景氣衰退的時候，公司增資現股的意願不高。這種現象被稱之為「管理者睿智擇時假說」(smart money)，管理者對於抓緊公司價值的能力更高於當前市場價格，而他們會根據投資人對市場的期望進行財務決策的調整。管理者的財務決策也會成為可依循的資訊而傳遞給市場投資人，因此當市場投資人發現個別公司的流動性不足造成搶購股票風潮時，管理者便會設法讓集團企業上市或現金增資以供應籌碼，這個時候市場流動性便會增加。而且品質優良的公司供應籌碼在市場上，可以避免投資人因搶購不到股票轉而去買較爛公司股票的逆選擇問題。

　　Amihud (2002) 設計的反流動性指標是以日報酬率的絕對值除以每日成交值，他認為反流動性越大，表示每單位交易會造成較大的價格變動，其意指流動性越差，而公式 (9-1) 與日內買賣價差之間有顯著的正向關係。

$$ILLQ_{i,t} = \frac{|Ret_{i,t}|}{DVOL_{i,t}} \tag{9-1}$$

其中 $Ret_{i,t}$ 代表 i 公司股票在第 t 日的報酬率，且 DVOL 為日成交值。

流動性共變 (commonality in liquidty) 的概念類似股價同步運動，只是它偏向於某群股票的流動性與市場流動性攸關。流動性共變就是個別公司的流動性增加與其他公司的流動性增加有關聯性，基金經理人常探索組合內股票反流動性的現象，因爲流動性的增減趨勢會影響增加流動性需求時，常產生的滑價成本，而想要大量出售以保本時，也會因爲流動性供給大於需求造成折價虧損現象。若反流動性代表未來預期報酬率會增加，那流動性由大量驟然降低，代表有系統性風險將發生。Brockman & Chung (2002) 認爲委託單驅動市場的缺點是缺乏專業造市者提供流動性，因此限價委託單易於代表市場流動性狀況，而限價委託單並不易就此判斷，它有自由進退 (free entry, free exit) 的特色，因爲忽而增加、忽而改單調整、忽而消失所呈現的不穩定現象，已使得委託單驅動市場有明顯的流動性共變。

Kamara, Lou & Sadka (2008) 就認爲若某群股票的流動性共變投資數目增加的條件下，無法有效降低，則流動性風險反而會提高，爲將來投資組合的報酬率有可能大幅度下降，這種流動性風險無法經由投資組合來分散，又不太能歸納爲系統性風險。流動性共變從系統性風險中拋離出來，主要是2007 年到 2009 年的金融海嘯，全世界金融體系遇到融資市場流動性 (funding liquidity) 耗竭造成金融機構投資人的鉅額損

失 (Brunnermeier & Pedersen, 2009; Brunnermeier, 2009)，這種非系統性風險的風險，引起學界與實務界的共同重視，實證上發現金融海嘯期間，很多公司會出現價差或深度共變增強的現象，尤其是當台股跌深反彈之際，流動性共變是相當顯著的，也就是當整體市場高波動時，都會出現產業共變或規模共變的現象。

　　流動性共變的另一個解釋是常常在某個時期會有某種議題發酵，以至於產生了相同產業的股票被頻繁交易造就了流動性共變。例如在中國與泰國股市，他們的機構投資人有集中操作相同產業的特色 (Narayan, Zhang & Zheng, 2013; Pukthuanthong-Le & Visaltanachoti, 2009)，但是 Brockman & Chung (2002) 卻在港股的實證中發現，產業流動性對個股雖然影響顯著，但其重要程度不及於市場流動性之共變。

　　有些學者認為流動性共變與近年興起的 ETF 投資熱潮有關，因為太多的發行機構係以指數作為持股建倉原則，因為資金配置會在這些股東上投入，造成列入指數的股票組合與 ETF 被購買量兩者有密切關係。這種說法的證據來自於 Brockman & Chung (2006) 的實證，他們發現香港股市的指數成分股彼此之間的流動性共變明顯較市場流動性有顯著敏感性，顯示市場的整體流動性共變有相當多成分源自於指數相關的交易活動。

　　當然，流動性共變的成因可能與公司規模有關，有以紐約股市為研究對象的 Chordia, Roll & Sabrahmanyan (2000)，以澳洲股市為對象的 Sujoto, Kalev & Faff (2005)，與以上海和深圳股市為研究對象的 Zheng & Zhang (2006)。但是也有支持小型股的流動性共變較大型股為顯著的學者，如以台灣店頭市

場為研究對象的 Lee 等人 (2006)，Kempf & Maysto (2008) 研究德國股市，Pukthuanthong-Le & Visalatanachoti (2009) 研究泰國股市，他們認為股價最小升降單位 (tick size) 會影響共變性，若公司規模大的價值型股票，因無任何新奇刺激的消息助長股價波動，常常成為機構投資人高頻交易的對象，會受限於較小升降單位，導致若以價差來計算流動性，會表現出漲跌僵固性，反而缺少對市場流動性的共變能力。流動性共變可以產生共同報酬，這是因為流動性會影響股票的交易成本。當市場流動性增加時，股票的交易成本會下降；當市場流動性下降時，股票的交易成本會上升。交易成本的下降會提高股票的投資吸引力，導致股票需求增加，從而推高股票價格。因此，流動性增加會產生共同報酬。

流動性共變深受討論乃是因為它既影響流動性供給，又影響投資人買賣行為。流動性供給假說指的是基金經理人知道一旦發生經濟或財務危機時，想要大量出售股票以現金保本是很不可能的，因此如何創造流動性需求並且在市場熱絡交投時釋放目標持股，避免於系統性風險發生時，變成被其他投資人割韭菜，這是大量持股者所關心的。由於流動性限制的存在，機構投資人從總體經濟的變化必須要進行持股調整，財務學上又稱之為「向品質飛躍效果」(flight to quality effect)，當系統性風險較低時，機構投資人追求個別公司的報酬變異，但系統性風險提高時，就必須轉為持股保守，它對市場波動或經濟不確定性時期做出反應。這時候，就必須減少持股，而不管未來個股報酬率如何，一旦開始釋股，哪裡不是個別股票問題，所以都是高相關股票的交易 (correlated trading)，因為是投資組合上的持股，當然系統性風險降低、市場穩定之後，這些股票又

會被重新審視資產配置並重新調整回來，也是另一種流動性共變。Naes 等人 (2011) 認為流動性共變與景氣循環有關，尤其是景氣衰退，市場流動性會驟然消失，機構投資人不得不提防這種流動性風險。

第二節　流動性的衡量

市場流動性通常與市場微結構的討論有關，而市場微結構多被用來解釋高頻交易與當日沖銷的現象，通常是以緊密度 (tightness)、深度 (depth) 和彈性 (resiiency) 來描述 (Kely, 1985)，也有以交易量、交易速度、交易成本與價格衝擊作為衡量標準 (Liu, 2006)。

流動性衡量的指標先談周轉率，大多數運用周轉率來作為市場流動性的衡量指標，一般公式為每月成交量除以流動在外股數。Baker (1996)、Bake, Haugen & Baker (1996) 發現前期周轉率（成交股數除以流通在外的股數）與股票平均報酬之間存在著顯著的負面橫斷面關係，而 Chordia, Subrahmanyam & Anshuman (2001) 也認為股票平均報酬與過去成交量或周轉率之間，在橫斷面上，有顯著的負面關係。橫斷面是指運用連續多個會計年度來調查每一年的自變數對受測變數的影響。買賣價差的公式被設計如公式 (9-2)：

$$ASK_{i,t} - BID_{i,t} \tag{9-2}$$

這代表某股票 i 在時點 t 的限價委託簿中最佳買價與賣價，價差的原始資料為日內資料，但是這個公式仍會受到一天

內價格波動的持續影響，因此改以公式 (9-3) 將每一檔股票的
日內報價平均轉換成日資料：

$$PQS_{i,t} = \frac{ASK_{i,t} - BID_{i,t}}{(ASK_{i,t} - BID_{i,t})/2} \tag{9-3}$$

運用公式 (9-3) 計算流動性的缺點是萬一市價單的委託
流量較多，則報價價差的計算會高估實際交易成本，因此
Christie & Huang (1994) 建議採用有效值的兩倍來計算：

$$ES_{i,t} = 2 \times \left| Trade_{i,t} - \frac{ASK_{i,t} - BID_{i,t}}{2} \right| \tag{9-4}$$

其中 $Trade_{i,t}$ 表示股票 i 在時點 t 的成交價格，而有效價差
百分比則是將 (9-3) 的分母 2 改為 Trade。

深度是指股票市場中可供買賣的資產數量，在某個檔次
上，遞出委託數量越多，則交易人可以較多的時間思索是否交
易（買入持有或一筆賣出），因此如果檔次遞出的數量越多，
則股價離開檔位的能力越少，執行當日沖銷的獲利可能越小。
深度可分為股數深度與金額深度，股數深度的公式如 (9-5)：

$$QD_{i,t} = \frac{ASKQ_{i,t} + BID_{i,t}}{2} \tag{9-5}$$

而金額深度則為最佳報價上的平均金額，如公式 (9-6)：

$$DD_{i,t} = \frac{ASK_{i,t} \times ASKQ_{i,t} + BID_{i,t} \times BIDQ_{i,t}}{2} \tag{9-6}$$

　　其中 $BIDQ_{i,t}$ 與 $ASKQ_{i,t}$ 分別代表 i 公司股票在時間 t 的最佳買價數量與最佳賣價數量。

　　買賣報價價差的縮小和突然的鉅額買賣，在橫斷面上對個別公司的股價報酬具有預測能力。其他的衡量指標有買賣方委託單報價之價差、價深與價深對價差的比率。買賣價差之衡量為賣出報價減買入報價，買賣價差百分比則為買賣價差除以買入報價加上賣出報價之平均值，而「有效價差」則為 2 乘以「成交價減賣出報價與買進報價之平均值」，有效價差百分比為有效價差除以成交價。

　　若以買賣價差來觀察就需討論下單之委託單驅動市場，一般有限價委託及市價委託二種，限價委託單是指下單時指定價格等待下一個交易者下市價單而交易，市價委託單則是依上一個交易者的限價出價而決定不計檔次成交。Baker & Stein (2004) 認為可從倉儲理論來看，像是網通股的高波動性代表對市場投資人具有較高的持股風險，因此他們反而覺得較高的價差比較安全。

　　對於市場投資人來說，他們雖然處在實質上可以比其他產業更能觀察到較多網通股新聞的流量下，但更加難以取得內線消息，於是他們對於價差擴大比較有敏感度。Harris (2003) 指出，有私有資訊的投資人偏好市價委託單，而限價委託單的使用最可能的是發生反淘汰現象，也就是你若沒有完整的私有資訊，很可能在有資訊優勢的市價大買下，很快地被低價買走，反而讓賣出者感到賣出後大漲的再追回行為。在有資訊優勢下，買賣要價價差來衡量市場流動性的缺點是無法抓住市價單丟出時供給方的意圖，以及當有流動性需求時買方在某些價格

持續買進的動向。

　　有些時候，要衡量流動性的變化仍須看供需雙方對股價所產生的推力，若從掛出委託單的檔次變化來看較容易捕捉流動性，但市價單所造成股價壓倒性的方向改變，卻很難在股價檔次的跳動間抓到，以至於是個難題。而價差的擴大往往在流動性上所代表的意義是事後交易規模變大的現象，並非事前可以預知的。Handa 等人 (2003) 就認為委託簿中的報價及買賣價差會受到交易者對資產評價差異、交易目的不同（搶帽客買入後可能 15 分鐘內就會求售，如此也刺激了高頻交易者跑來追逐較高的市場流動性，這讓長期客反而有機會賺到大錢），也會產生反淘汰現象（除了賣出後認錯再高價追回外，也有可能持有太久，明明有賺卻反而套牢）。且認為搶帽客最好不要以限價單投單，容易被市場其他人判斷多空方向走勢，進場攪局而造成買賣誤判。

　　普通股市場價值較大的公司一般被認為較具投資價值，所以投資人持有意願較高，因此，大公司被投資人持有的期間比小公司為長，且 Karptt (1986) 認為當投資人之間對被投資公司的價值產生分歧時，周轉率會帶動成交量提高，又大公司較易被分析師推薦，且計算合理股價，所以投資人對於大公司合理股價的內心計算應該都相符合，於是投資人對於大規模公司的交易次數減少時，持有期間也會較長，反而是在股價波動度越高時，投資人便傾向於當日沖銷 (Atkins & Dyl, 1997)。

　　傳統上認為市場流動性會增加的原因應該是與專業投資機構的大量釋出股票有關，根據 Keim & Madhavan (1996) 的調查，在美國每個月會進行較大量委託單寄出的投資人集中

在 21 個專業投資機構，且許多大額投資人他們可以運用的資金來源很廣，但並沒有立即買入股票的需求，因此會使用限價單，所以他們在建倉時流動性普遍較小，而基金機構投資人卻有不願意被媒體發現持股動向且期望買入時能快速成交的特色，因此多以市價單爲遞出的偏好，他們在買股票時會造成股價大幅度波動而流動性較高。一般而言市價單常被看作是流動性需求，而較多投資人同步遞出市價單造成價格上升的資訊，有可能是期望流動性供給方的注意與回應。例如股價下跌到低點以致很多投資人持股套牢，若遞出市價單使股價開始往上運動，將會讓套牢者積極攤平並在解套後趕快全部賣出以求暫時退場觀望，如此就刺激了限價賣單的增加。在均衡時，限價單遞出增加意謂在流動性驅動價格改變的交易中獲益，而在資訊驅動價格改變的交易中損失。

Domowitz 等人 (2005) 建立一個模型來說明流動性的變化，在投資人必須下單的前提下，可依據投資人對下單時將單量安排順序的情境分成「無所謂型」(concession) 與「計較型」(impatient)。一般無所謂型的投資人越少則資產流動性越高。在正常情況下，如果沒有內線消息的情況，委買的委託單數量會與委賣的委託單數量一致，我們稱之爲有效價差 (effective spread)，顧名思義，買賣價差與流動性應該是一致的小，這也就是反流動性 (illiquidity) 的現象。

倘若計較型的投資人必須立刻且先準備好要買入或賣出一定量的股票，根據 Domowitz 等人 (2005) 的模型可以來觀察到流動性的變化。圖 35 是供給／需求曲線同方向變化的圖形，此圖指出供給需求曲線的變化代表市場流動性的變化。當市場買進委託單出現時，流動性會偏向於將供給端的數量吃掉，

其結果是供給曲線持續地往上移動,而隨之擴大供需面積,但流動性反而降低。在買盤限價單以內盤價開出而得到順利成交時,會因為供給端也是以內盤價遞出而順利成交的情況下,買盤委託單被刺激出來而影響到流動性增加。於是我們可以體認到少量敲進的買賣單對供需曲線的擴大沒有影響,而是大量敲進的委託單將流動性增加了,因此價差在反覆的交易擴大帶動流動性的擴大,反應者無所謂型在整個交易中會依計較型的逐步吃(倒)貨而追加委託單。

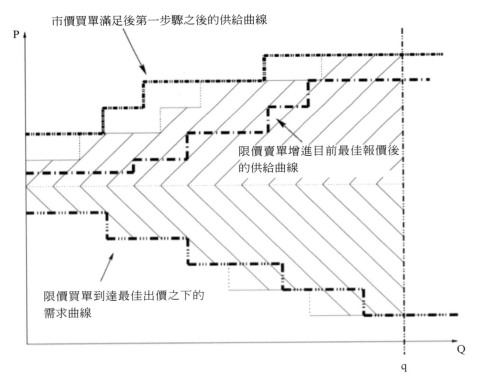

圖 35　流動性供給需求移動的變化

本圖說明當限價委託單遞出時,整個流動性的變化,基本上供需曲線都是實線,而下單數量與委託流量是在實體線包圍內。
資料來源:Domowitz et al. (2005).

　　台灣證券交易所或證券櫃檯買賣中心的報價，被分成多個級距，如表 3。其中 10 元以下的最小升降單位為 0.01 元，10 元（含）到 50 元之間是 0.05 元，50 元（含）到 100 元之間為 0.1 元，100（含）元到 500 元之間是 0.5 元，500（含）元到 1,000 元之間是 1 元，1,000（含）元以上是 5 元。根據關河士與陳俊成 (2005) 的研究，八成以上投資人進行當日沖銷，偏愛於 10-50 元和 50-100 元二個級距，表 3 整理台股各商品股價升降單位對照表，其中股票與認股權證分成六級、可轉換公司債分成三級與 ETF 分成兩級。

表 3　台股各商品股價升降單位對照表

每 32 股市價	股票	認購（售）權證	可轉換公司債	ETF、REITs、ETN
0.01-5	0.01	0.01	0.05	0.01
5-10		0.05		
10-50	0.05	0.1		
50-100	0.1	0.5		0.05
100-150	0.5	1		
150-500			1	
500-1,000	1	1		
1,000 以上	5		5	

資料來源：台灣證券交易所與證券櫃檯買賣中心。

　　Handa & Schwartz (1996) 認為遞出限價委託單常易成交於驟然有反向消息時，又不易成交於當市場出現非得不可的順向競價交易，在市場上的交易，常常是前一刻還在市價單急拉，其後就是向下打，因為市場人士參與追價的氣氛濃厚，就會改以市價單追價，這促成大家紛紛改單而限價單驟然減少，

當遇到大單敲出，就會產生價格反轉急跌的現象。如圖 36，時間訂標在 2023 年 3 月 31 日上午 11 點 41 分，健策公司的股價委買單包括 479 元 28 張、478.5 元 17 張、478 元 14 張、475.5 元 76 張、475 元 20 張、473.5 元 35 張，由於是每秒逐筆交易，因此股價交易時間很長，本文將這段冗長交易頻率濃縮為「11:41-12:04」、「12:04-12:17」、「12:18-12:18」、「12:18-12:28」、「12:28-12:30」與「12:30-12:45」等多個時間距。

從圖 36 的成交量來看，自 11 點 41 分開始就出現交易持續時間減弱，其後在第一個 20 分鐘股價開始由 479 元跌到478.5 元，很快地在 12:04-12:17 殺出單量達 31 張，而觀察市價成交買單都是 1 張，可見向下殺價壓力很大，其後 10 分鐘（12:18-12:28）拋出 90 張（含 12:18 時 1 分鐘丟出 14 張），股價急殺到 475.5 元，拋出的委賣市價單持續增加，在 12 點45 分時股價殺到 473.5 元，新增 55 張。這完全符合「當筆輸

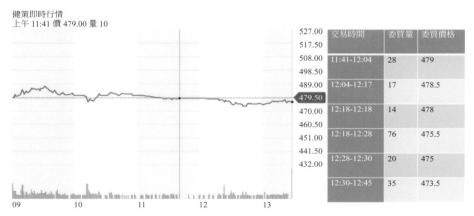

圖 36　以健策盤中先拉後殺的買賣價差為例

入之買進申報價格高於或等於先前輸入之最低賣出申報價格時，依賣出申報價格由低至高依序成交，直至完全滿足或當筆輸入之買進申報價格低於未成交之賣出申報價格為止」的逐筆交易原則。

　　所以流動性的變化容易影響遞單策略，也就是流動性由小漸增，可採長期配合動能的交易策略而流動性已然很高，可觀察得出當日沖銷很熱絡，這時候最好是採用市價單策略，限價單會造成無法成交的窘況。如圖37，在成交量漸增時採用限價單，而流動性較高時，就偏向採用市價單。

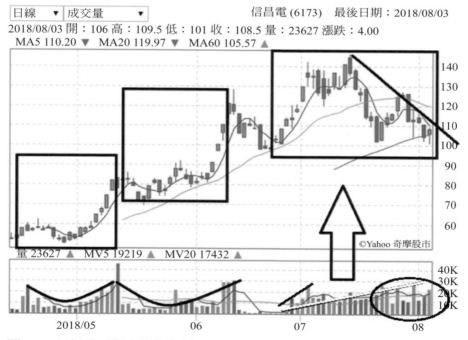

圖37　以信昌電觀察操作限價單還是市價單，流動性較高（橢圓框內）偏向於市價單交易，成交量由少漸增，可採限價單

第三節　委託流量的涵義

Kyle (1985) 認為消息受領人即便是分批小量買進股票也無法不造成股價的多空比例呈現正面轉向 (inverse) 的現象，Kyle 設計了一個希臘字「λ」，作為當委託流量的變動造成股價變動的一定比例，Kyle 偏重於盤中交易量的變化，當委託流量不平衡傾向一方時會有較多的內線消息。委託流量可作為判斷交易本身的方向與遞出單量買賣方的強弱勢，進而傳遞資訊內涵，因為某些主要交易者的遞單狀況，是故意傳遞訊息讓投資人可以跟緊出手敲進（出）買（賣）的重要依據。

假設個別公司在尚未有內線消息前股價多日來平均報酬率為零，此時內線消息已被極少數人取得，他們擁有私有利益 (private benefits)，有些時候自覺股價會上揚，若出手量太少，並不知市場同步買進的人是誰。擔心他人亂追價下，恐買不到設定價位而要不斷更改買單，浪費時間與精力，因此願意以較高的出價，及早達到想要的交易數量。相對地，帶著較多的壞消息的私有損失（不利益）使得賣方想要急於出脫手中股價，以至於願意以較低買賣中價交易，致股價向下跌落。

我覺得比較經典的個案是 2021 年 12 月 30 日十銓 (4967) 公司的股價，如圖 38，依據當天的記錄，我寫道：「十銓開漲停殺，不知掛漲停的大戶心理怎麼想？」、「53.9 到 50.4 是為了毀滅績效嗎？但我可有報牌喔」、「49 漲上來的」、「太神奇了！開盤成交漲停 9,402 張，是幾個月來完全沒有的單量，到現在殺到 49.4，成交 8,600 張，也是一個月來從未見過的單量。收盤前這樣交易快 2 萬張」。這是說明，十銓因為當天早上的某則利多消息（據信是前一天的法人說明會釋放了

一些利多消息給了專業投資機構），結果當天開了個成交量達 9,402 張的漲停板，成交價在 53.9。開盤爆量漲停板，可以確認是財力相當雄厚的人害怕買不到，進而大量買進致股價超過買賣中線，但是漲停後卻開始急殺，等於是委託賣單大於委託買單，甚至在短短一個小時內，再成交 8,600 張，可是方向導引往 49.6 走近，代表從 53.9 到 49.6 之間掛買單者本來就少，大多數是賣單。我們姑且認為是主力故意靠利多消息（因為法人說明會內講什麼並未被充分揭露，所以這個消息在開盤拉漲停時易被市場投資人推論為具利多之私有利益），這就是 K 線上常見的騙線。當天收盤價為 48.5，總成交量為 23,975 張，是近期數月的最大成交量。十銓開高殺是最經典的委託流量操

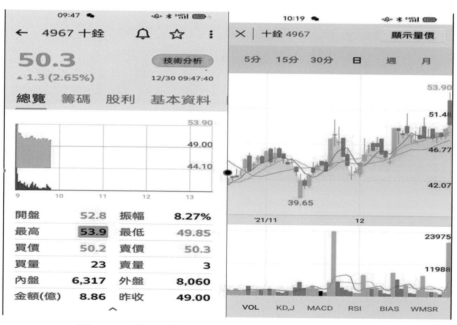

圖 38　十銓公司在 2021 年 12 月 30 日股價走勢圖

資料來源：股神軍飆股放送臉書社團。

弄來改變交易方向，這種經典交易不斷地促使市場投資人誤判而重複買進或賣出，致虛偽的極短時間交易量很高，但大多數在當日沖銷下，存倉量很少。

從放空的限制角度來看，投資人追逐過高評價的網通股（持續大漲偏離合理股價），非理性的投資人只能從委託單流量上的微妙變化來決定股票的買賣。Biais 等人 (1995) 認為，當價差擴大或買進價的委託流量排程長時，投資人反而會改成市價單敲進股票，而市價單常常發生在投資人發現錯誤時趕快平倉或縮小價差。Baker & Stein (2004) 認為市場投資人之所以非理性乃是由於資訊不對稱所造成的逆選擇現象。從圖 39 可以解釋，在管理者可以掌握的局面下，他們睿智地進行財務決策時，對價格的影響大（波動度大），可是市場周轉率小（第一區），接著老練的市場投資人與內線受領者一起進場，周轉率增加但消息對價格的影響減弱（第二區），到最後只有投資人盲目地搶進搶出，可是消息對價格的影響力大幅度減弱（第三區），這足以說明投資人情緒與周轉率及消息之間的影響關係。

一般大額交易的基金經理人或操盤手，他們善於運用程式交易吸收個股過去的成交量和價格波動情形作為下單的依據，基金經理人也會運用資訊技術系統 (information technology system) 來預測未來股價走勢，Hong & Rady (2002) 設計了一個均衡模型來討論操盤手在沒有完整的價格資訊和無法掌握流動性之下，如何進行委託單交易。他們認為委託流量與價格的關聯性可影響到個股流動性，假設從某一時間點開始報酬率從零開始向正負向飄移，且成交量可高度代表流動性，一般流動性是由有存倉的成交量與當日沖銷的成交量來組成，若當日沖

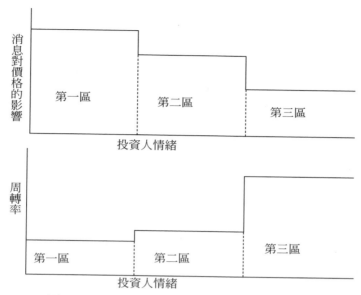

圖 39 投資人情緒與市場流動性之間的關係

資料來源：Baker, M., & Stein, J. C. (2004).

銷成交量越高代表投資人對未來風險意識提高，也就不能充分代表流動性。若是將流動性粗分成「高流動性」與「低流動性」兩個狀態，則「低流動性」時期會有較多的以限價單買進、打算長期持有者參與，而「高流動性」情況發生時多以市價單買賣，期望短期超常報酬，卻又害怕風險來臨時無法即刻將股票賣出。

　　事實上消息靈通者面對市場流動性受到外生因素影響，交易也多半並不是很靈活的，所以他們也會在低流動性情況下採限價單買賣，而高流動性情況下以市價單追價，使股價波動度提高。但是消息靈通者未必能控制價格波動，因此對未來的流動性變異也不是很能掌握，在追求資訊效率上，可能是價格偏低時就快速以市價單遞出買（賣）單，這樣會使市場投資人驚

覺而一面倒地跟進造成更多流動性，或是價格偏高，內線消息並不能帶來價格效率，消息靈通者反而漸進遞出買（賣）單，期望流動性可以降低。

投資人從過去的股價走勢和成交量來榨取有利的訊息，可說是一種學習的過程，通常都是最初的一個波段裡富含著訊息洩露出的超常報酬，而股票必然會因為漲多導致消息靈通者獲利賣出，所激起的流動性提高，其後在股價拉回修正後，再度向上運動的過程。而這種還會有第二波的走勢，原則上根基在投資人的信念。因此，所有的非消息靈通者，都會從已公開的訊息來觀察股價與成交量，曾經運動的過程，這個時候流動性在回測到偏低時，有可能是某些機構專家正以限價單少量多次買進。

Hong & Rady (2002) 認為機構投資人與消息靈通者之間的最大差別，是他們善於觀察市場流動性的變化，當市場流動性較高時，他們成交的成本較低，偏好於限價單以求成交。機構投資人若要大量釋出股票時，會考慮到在未來某一段時間內出售上產生交易成本的問題，而交易成本的發生與預期出售價格及成交速度有很大的關係。這又牽扯到市場上相同性質的其他公司股票在求售過程中，導致先賣先執行所造成的股票價格大跌，我們稱之為反淘汰現象，若交易成本越高，則投資人越偏向於折價出售所持有的資產。

此外，流動性長時間持續的低或持續的高，相對於雜亂無章也可以作為資訊來判斷，若市場投資人老是追逐短期利益而頻繁換股操作，就與股價長期異常報酬的目的無關，如此價格與成交量兩者之間的整體觀察可以判斷某段時間的流動性高

低。例如市場投資人有能力去判斷委託流量是由散戶或主力進場買入，因此就能決定其下單行為是一種噪音還是有目的性（漲多拉回或折價反升），這也就是為什麼當流動性逐步增加時會對價格有影響。

　　圖 40 可以兩張小圖卡說明這個研究的發現 (Hong & Rady, 2002)，第一張圖卡說明台表科已經突破箱型整理，但在高點作頭了，第二張圖卡分別為 4/30、5/2 到 5/3 的當日走勢圖，4/30 的黑框裡，說明在最短的時間內只有委賣限價單與委買市價單積極成交，但當價格在 10 分鐘內走到賣方報價的高點後，就不再有委買市價單跟進，這時候賣方開始積極下單放空，檔次測試由買方控盤為賣方控盤，其後在 120 到 119 上下來回震盪，都只剩下限價單的逐筆成交。5/2 在 122 到 121 之間上下區間進行檔次測試，很清楚地看到委賣限價單在 122 以上較多且很少委買市價單祭出，但委買限價單在 121 以下，卻

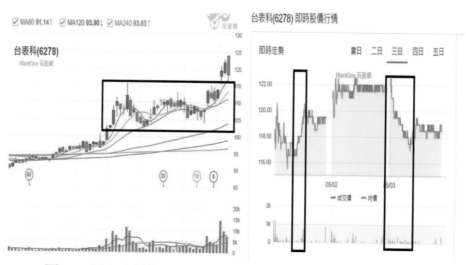

圖 40　以台表科的股價走勢來看策略交易者如何控制股價波動

也少有市價單祭出成交，因此出現盤整格局，交易量由 4/30 的 1 萬 5 千多張大幅度衰減到 1 萬張左右，下單積極度向買方減弱。到了 5/3 開盤便重挫，由 123 元直接摜壓打到 117 元以下，幾乎沒有承接買盤，顯示直接回測前日低點，檔次測試由市價單直接向下尋找委買限價單，直到買盤在 117 元出現止蝕單（或空單贖回）才停止，放空者因看到前一日的橫向盤整，預期買方觀望心態濃厚，只要用較多買單（可能 5/2 已在籌借），反能讓買盤暫且縮手（當日大盤指數是大跌的），如此就能賺取當日沖銷的報酬。

每兩筆交易之間的時間稱為「交易持續時間」，具有股價運動方向的資訊意涵，Diamond & Verrecchia (1987) 認為，但凡人擁有內線消息，其心態是買賣速度要快，若是採取連續競價成交，在擔心價格快速走升下，必然是持續不斷的少量多單，至價格的交易持續時間很短，幾乎每秒都在成交，直到價格檔次上升（或下降），再也無法維持均衡價格，所以若交易持續時間越長，應該是沒有內線消息 (Easley & O'Hara, 1972)。後來有學者探索交易持續時間越短時，會導致其後的買賣單不平衡，向某一方傾向的現象 (Dufour & Engle, 2000; Engle & Patton, 2004)。不過 Harris (2003) 解釋，掌控內線好消息的人偏好使用市價委託單，因為採用限價單時會有要求價格較低，賣出者（通常套牢者的出盈保虧心態）不願意賣出，致持續時間長而買不到想要的數量之窘境，因此常常會在出限價單未買到的，就改市價單以較高的價格成交，造成股價檔次是在來回中不斷向上走升的。

Glosten (1994) 認為在股價低波動時期，市場投資人遞出限價單會在成交量正向增加（結構量）的交易中獲利，但是當

投資人預期將來會有正面報酬卻不急於一時去買入持有，則會傾向於較多的限價單，卻仍造成成交清淡，如此在收盤後可看到某個價格較長的深度，除非有好消息，才有可能修改這種狀態，因此限價單所創造的價深再搭配其後的大量交易，是流動性創造的過程。

Harris (2003) 認為在報價驅動市場中，報價的調整主要是來自造市者，而在電腦自動撮合的連續競價委託單驅動市場中，報價的調整則是來自限價單交易者的調整。限價單交易的缺點是每一次取消、改單都須透過經紀商取消與重置委託單，很容易在其中產生成本與時間耽誤，甚至每次調整都錯失良機，所以限價單的數量調整會使成交效率下降。很長與很短的交易持續時間對價格檔次改變的影響都很小，一般的觀察是交易持續時間小於 6 秒對價格檔次的變動有正面影響，但大於 7 秒以上則交易檔次不會變動。

Harris (2003) 認為電腦自動撮合市場的流動性需求同為委託單處理成本越低，所以分批並密集交易，而使得交易後買賣中價自然不會有大幅度的調整，因此採取限價委託單方式交易的，若遇到交易持續時間很短時，通常不易調整報價，常常會被逼著以市價方式去干預股票的短期走勢。這意味著若市場投資人擁有獨特私有資訊時，在久候委賣方以較低的價格丟出較多的數量以滿足其需求未果時，基於效率而以市價單大量買進，此時大量交易會引起下幾秒內連續交易，市場小額投資人會受到大量市價單委買（賣）的影響，而買進（賣出）總數也是大量的股票。假設在一個長期交易時間內，限價買價越低或限價賣價越高時，則市價單去衝成交量的機率越小，因此一般

短線操作投資人缺乏動機去買賣股票，直到短線投資人發現股價隨著市價單的累積增加而提高，此時委託單執行時間與遞出市價單的數量呈反比。

　　如果是雜訊交易的情況，則股價會在較高的流動性下反覆運動，一般稱為「頭部」，台灣股市係一個單純以委託單為驅動的市場，所以會有流動性供給者集體倒貨給市場，想要快速脫離的現象，這種流動性共變易於干預限價買進委託，逼使市場做多投資人套牢，但若是短期競價態勢，可能充滿更多的內線消息，這時若融券比率越大，而股價呈軋空走勢，就代表有一般積極大漲的可能。

第四節　當日沖銷

　　探討當日沖銷的理論一般有二，其一為存貨控制理論 (inventory control theory)，主要是強調委託流量不平衡 (order flow imbalance)，造成大額投資人必須透過報價來平衡市場供需並調解存貨狀態，比方說，市場前景看好、政策做多，大額投資人預期市場可以籌措到更多游資，便會設法將股價提高，因此積極地將股價拉高，等於是傳遞訊息給市場投資人，輕易當日沖銷就能獲利。換句話說，若股價漲得太高，影響這些大額投資人再持有成本，便會將股票大量賣出，阻擋股價上漲，讓大多數搶帽客賠錢，使他們暫緩對某些個股的追價。當日沖銷的執行仍需看每日成交量，若成交量較諸前一日開始下降甚多，則買賣價差會擴大，此時大額投資人會感受到存貨過多的壓力，但能使股價下跌；若交易量驟然增加時，買賣價差擴大，會讓大額投資人有補貨與調節矛盾的壓力，這時候股價的

波動會加劇。

過去文獻將委託單分成「可市價化限價單」與「非可市價化限價單」，對於開盤後的委託流量，若是遞出的委買（賣）單價格大（小）於或等於上一檔次的市場所揭露之最佳賣（買）價時，即稱之為「可市價化限價單」，反之就是非市價化限價單。由於可市價化限價單是很急著想要馬上成交，在市場上就稱之為「急單」，因此所計算出來的委託單不平衡是可以用來反應出立即有效產生價格衝擊的強度。而因投資人有一窩蜂交易與機構投資人的大量單分拆成小量多筆連續交易的傾向，使得委託單不平衡將增加交易的持續性。

另一派理論為資訊不對稱理論，消息靈通者預期好消息足以促進股價上漲，可是在發動股價上漲之初，既要讓搶帽客參與競賽，也要防止搶帽客衝得太凶，尤其是投顧所率領的散戶大軍。因為散戶的報酬都是極低的，同樣的報酬率 5%，散戶可能是賺到兩千元，但大額投資人可能是兩百萬元，因此他們散戶對價格的敏感度遠遠低於大額投資人，他們墊高成本，仍能賺到兩千元，可是大額投資人有可能面對較高出價下，風險便會增加，這造成他們持股成本提高太多的機會損失。因此有些時候仍需要打壓股價以減少漲幅擴大，但仍然會有賣出股票後因為行情太好，造成無法低價回補的窘況，所以當日沖銷的資訊不對稱也顯示消息靈通者在增加持股存量與面對搶帽客的大軍聚集，所產生的對價格修正所必須付出的代價。

進行當日沖銷主要是市場投資人抓到可能有利多消息的情況，當股價相對強勢上漲，意謂有投資人正在著急買不到合理的價格而未成交風險隨著持續時間太短，有墊高交易成本的疑

慮。這時候市場投資人開始改單或以市價單來爭取流動性以套取利益，對於大多數投資人來說，有沒有內線消息並非盤算之事，有可能消息是假的，或消息公告後有可能便是利多（空）出盡的時候。對於選擇當日沖銷搶帽客來說，他們傾向於此刻買入之後，下一刻可以較高的價格順利出售，因此猜測委賣單之上五檔便很重要，但一般來說，五檔以上的委賣數量除非股價波動度較大，否則根本看不到。因此搶帽客要先從買賣價差擴大（台灣與中國的委買委賣報價通常都是一個檔次，所謂擴大就是超過一個檔次）和委託簿深度越淺來鎖定限價單走向，換句話說，如檔次變動可以在很短時間內看到 2% 以上的委買或委賣數量時，若站在賣（買）方，要儘早遞出委賣（買）數量。Bae, Jang & Park (2003) 就認為當價差擴大，委託單的數量也大時，搶帽客若預期有較大的交易價格波動性，即會偏好遞出限價單。

當日沖銷的忌諱就是當股價已漲停，而並無利多消息可查的情況下，搶帽客是要以限價單（漲停價格）還是要以市價單（市價單的意思是以當日最高價格買進）來遞單，如果以漲停價格作為買進的委買單較多，代表主力有鎖單的意圖，那就不要在漲停價位放空，尤其是無券放空。一般掛漲停價追價較多而限價委買較少的，多釋放出追價追漲訊號，主力若要殺這些散戶就會大量敲出，因為漲停檔次價位以下掛委買股票通常較少（大多撤單改掛漲停限價單），只要主力攢殺很容易價格就大跌下去，其後再有搶帽客認賠出場的追殺賣盤，當天的當日沖銷搶帽客很容易被凶悍的主力給打敗。

另外一種是搶漲停鎖死後，想要只賺個漲停打開就好的投

機帽客，這種帽客也一樣會遞出限價的漲停板賣出單，如果遞出數量較多，有可能是無券當沖。如果你沒有搞清楚牌掛的委賣漲停數量與市價單數量的關係，很可能你的賣單就在漲停成交，但你若要等收盤前買回時，就發生委買漲停限價單遠大於委買市價單的窘況，也就是你若要在市場上借券回補是不可能的。

　　2023 年 2 月 7 日的一則新聞「借券放空卻慘賠百萬　金管會：留意當沖風險」(https://ctee.com.tw/realtimenews/cna/803569.html)：「近期市場流傳，有投資人在春節前台股封關日借券放空東哥遊艇，但無法回補，直到春節後開盤被強制回補，價差及借券費賠上數百萬元。」此外，2023 年 3 月 29 日新聞「東哥遊艇強力軋空！小資族放空 1 天收 11 萬帳單　心痛勸世：別無券當沖」(https://www.ftvnews.com.tw/news/detail/2023329W0071)：「原 PO 在『當沖勒戒所』發文表示，他在 27 日放空東哥遊艇，當時價位為 499.5 元，中午突然灌進 1,000 多張，直接鎖漲停價位來到 528 元，他當下想請營業員幫忙，卻遇到一位不認識的營業員，最終借券 7% 外加 1 成手續費，『隔日第一盤強制回補，沒得給你等，今日開盤 569 回補，下午看到對帳單 11 萬多』，讓他直呼真的心好痛。」這一切都與對大量交易意圖看不懂，及放空時對於買賣價差的驅動方向沒搞清楚有關，造成重大錯誤。

　　當日沖銷分成「現股當沖」與「資券當沖」二種，現股當沖就是無本買賣，比方說 1 張 100 元買進的股票，在買入持有後立即以 103 元賣出，於成交日過二日（T+2 日）所賺到的價差就可入帳，被稱為當日沖銷。當然若方向看錯，立即停損操

作，損失也僅為小幅金額，不至於為高額的留倉成本而煩惱。想要現股當沖必須具有三項條件：(1) 開戶滿 3 個月（不限單一券商），(2) 最近一年買賣成交筆數達十筆以上，以及 (3) 簽署相關的風險預告書及「應付當日沖銷券差有價證券借貸契約書」。但是不是所有的股票都可以現股放空或做多的，在下委託單時，通常都會提示標的股票不可以現股當沖。另外一種信用交易的資券當沖是融資買進後融券賣出，讓兩單沖銷掉，賺或賠價差。信用交易開戶除現股當沖的 (1)、(2) 項要件外，還包括 (3) 最近一年買賣成交金額達 25 萬元以上。現股當沖與信用交易最大的風險是融券賣出的借券利率為萬分之八，但現股當沖若當日無法借得券回補，就只能委託券商代為調券來融券買入，這樣除了要負擔九成的保證金外，仍要付出每天 2-7% 的利息給願意借券的大股東，這時候若遇上連續假期，就會如東哥遊艇那位放空者一樣，轉眼賠百萬金額。

　　Admati & Pfleiderer (1988) 認為搶帽客會設想在一段時間（約 15 分鐘）後或更多，可以賣出想買量的一半以上，其後將在收盤前分別以限價單與市價單等方式賣出，其目的在先追求交易成本（風險）最小化。搶帽客也擔心若遞出市價買單同時因行情太冷而無法順利反手賣出，所以搶帽客會先買進較多的市價單，若能促成其他帽客也跟進，就會在向上五檔處先以限價單賣出一部分，在 15 分鐘內若未能全部出售，會在收盤前分批以限價單定價求售直到未能成交時，改以市價單出售。當然好的交易模式是有私有資訊，若個股沒有私有資訊，也希望透過股價同步運動來創造當日沖銷的空間。

　　如圖 41，由於取得每秒時間報價有些困難，本文改成以

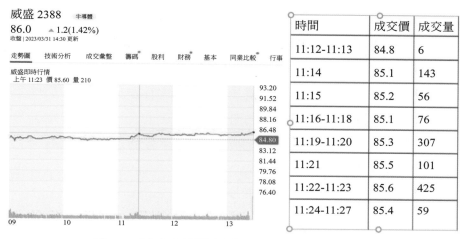

圖 41　以威盛說明市價單與限價單的投單技術

1 分鐘為基礎看成交量與成交價的變化。左邊走勢圖可佐證整個投單技術，從標線的 11 點 12 分看，當時 1 分鐘內的所有成交量只有 6 張，隨後出現 143 的成交且股價上升多個檔次，可預估是搶帽客用市價單去創造流動性。在 11 點 15 分以後，果然出現追價買盤，大多成交在 85.1-85.2 之間，這時候搶帽客若想賣出脫手，可選擇在 85.3 限價單。而最後高點出現在 85.5，成交量已經由 300 多張掉回 100 多張。因此創造流動性時用市價單，果然流動性增加後，就以上五檔掛限價單出，倘若賣出不順再改成用市價單賣出。

　　此外，當日沖銷在搶帽客的運作下，突然有了流動性，若流動性供給的限價單增加，可能是擁有內線消息的公司派所為，不希望股價再漲上去。當日沖銷除了觀察市價單與限價單對內線消息知情者與搶帽客之間的影響外，下單積極性也是考量當日沖銷成效的因素之一。Biais & Bassaerts (1998) 將以下

七個指標定義為下單積極度：(1) 大規模遞出委買單，(2) 市價委買單，(3) 小規模委買，(4) 委託價在最佳買賣價之間，(5) 委託價為最佳買點價，(6) 委託價低於最佳買賣價之間，及 (7) 取消先前委託單。其中「大規模買單」是指委託價高於最佳賣價且委託數量超過最佳賣價之市場深度，而「小規模買單」則是委託價等於最佳賣價且委託數超過最佳賣價之市場深度。

　　而下單積極度之具體衡量則是 Hung & Lien (2019) 所提出的下單及時性 (order immediacy)、下單頻率 (order frequency)、絕對下單大小 (absolute order size)、相對下單大小 (relative order size)、委託簿失衡 (order imbalance) 以及交易集中度 (trading concentration)。

　　學者發現當買賣價差擴大時，機構投資人的下單積極度會減少，搶帽客偏愛於增加對中小型股的下單積極度，當系統性風險較大時，機構投資人偏愛於當日沖銷，下單積極度增加；相對地，在個股波動度較大時，交易成本會提高，搶帽客對私有資訊較多的個別公司會減少下單積極度 (Hung & Lien, 2019)。有些研究者認為公司規模越大，其市場流動性越大，想要透過當日沖銷賺取短線價差並不容易，因此買方的下單積極度越高，則尋求大公司下單以確保可順利脫手者越多 (Hung, 2016)，這時候買了之後會不會反手賣出？照理說，買方下單積極度越高，賣方積極度就會提高，便是此支持高頻交易的理論。實證上，卻是賣方的下單積極度反而快速衰減，也就是當向上追價買盤很成功地在高檔借券放空成功，看起來一切都很順利，（問題是誰買了？）可是遇到股價下跌時，大單出脫的情況會提高，這時候可能限價委賣單不容易成交，造成下單不

積極。委買量越高，則下單越積極；委賣量越高，下單便越不積極 (Xiao & Yamamoto, 2020)。

　　高頻交易 (HFT) 是一種使用自動程式在極短的時間內買賣金融資產的交易方式。HFT 公司使用複雜的算法來分析市場數據並做出交易決策。這些決策通常是在毫秒甚至微秒內做出的。據估計，HFT 占美國股市交易量的 50% 以上。HFT 的使用引起了許多爭議。批評者認為 HFT 是一種不穩定和投機性的交易形式。他們還認為 HFT 使小型投資者處於不利地位。許多金融機構，如橋水基金、貝萊德與景順等為了提供流動性和降低交易成本，常鼓勵市場投資人以現股當沖方式參與搶帽客活動，如此方便他們大量交易買賣股票。

參考文獻

一、英文部分

Admati, A. R., & Pfleiderer, P. (1988). A theory of intraday patterns: Volume and price variability. *The Review of Financial Studies*, 1(1), 3-40.

Agarwal, V., Jiang, L., & Wen, Q. (2022). Why do mutual funds hold lottery stocks?. *Journal of Financial and Quantitative Analysis*, 57(3), 825-856.

Akbas, F., Armstrong, W. J., Sorescu, S., & Subrahmanyam, A. (2015). Smart money, dumb money, and capital market anomalies. *Journal of Financial Economics*, 118(2), 355-382.

Akbas, F., Armstrong, W. J., Sorescu, S., & Subrahmanyam, A. (2015). Smart money, dumb money, and capital market anomalies. *Journal of Financial Economics*, 118(2), 355-382.

Aktas, N., De Bodt, E., Declerck, F., & Van Oppens, H. (2007). The PIN anomaly around M&A announcements. *Journal of Financial Markets*, 10(2), 169-191.

Almazan, A., Brown, K. C., Carlson, M., & Chapman, D. A. (2004). Why constrain your mutual fund manager?. *Journal of Financial Economics*, 73(2), 289-321.

Amihud, Y. (2002). Illiquidity and stock returns: cross-section and time-series effects. *Journal of Financial Markets*, 5(1), 31-56.

Aman, H. (2011). Firm-specific volatility of stock returns, the credibility of management forecasts, and media coverage: Evidence from Japanese firms. *Japan and the World Economy*, 23(1), 28-39.

Anand, A., & Chakravarty, S. (2007). Stealth trading in options markets. *Journal of Financial and Quantitative Analysis*, 167-187.

Ang, A., Hodrick, R. J., Xing, Y., & Zhang, X. (2009). High idiosyncratic volatility and low returns: International and further US evidence. *Journal of Financial Economics*, 91(1), 1-23.

Angelidis, T., & Tessaromatis, N. (2008). Idiosyncratic volatility and equity returns: UK evidence. *International Review of Financial Analysis*, 17(3), 539-556.

Asem, E., & Tian, G. Y. (2010). Market dynamics and momentum profits. *Journal of Financial and Quantitative Analysis*, 45(6), 1549-1562.

Atkins, A. B., & Dyl, E. A. (1997). Transactions costs and holding periods for common stocks. *The Journal of Finance*, 52(1), 309-325.

Avramov, D., Chordia, T., & Goyal, A. (2006). The impact of trades on daily volatility. *The Review of Financial Studies*, 19(4), 1241-1277.

Bae, K. H., Jang, H., & Park, K. S. (2003). Traders' choice between limit and market orders: evidence from NYSE stocks. *Journal of Financial Markets*, 6(4), 517-538.

Bali, T. G., & Cakici, N. (2008). Idiosyncratic volatility and the cross section of expected returns. *Journal of Financial and Quantitative Analysis*, 43(1), 29-58.

Ball, R., & Brown, P. (1968). An empirical evaluation of accounting income numbers. *Journal of Accounting Research*, 159-178.

Ball, R., Robin, A., & Wu, J. (2000). Accounting standards, the institutional environment, and issuer incentives: effects of timely loss recognition in China. *Asia Pac. J. Account. Econ*, 7(2), 71-96.

Baker, M., Stein, J. C., & Wurgler, J. (2003). When does the market matter? Stock prices and the investment of equity-dependent firms. *The Quarterly Journal of Economics*, 118(3), 969-1005.

Baker, M., & Stein, J. C. (2004). Market liquidity as a sentiment indicator. *Journal of Financial Markets*, 7(3), 271-299.

Banerjee, S., & Kremer, I. (2010). Disagreement and learning: Dynamic patterns of trade. *The Journal of Finance*, 65(4), 1269-1302.

Banz, R. W. (1981). The relationship between return and market value of common stocks. *Journal of Financial Economics*, 9(1), 3-18.

Barberis, N., & Huang, M. (2008). Stocks as lotteries: The implications of probability weighting for security prices. *American Economic Review*, 98(5), 2066-2100.

Barberis, N., Shleifer, A., & Vishny, R. (1998). A model of investor sentiment. *Journal of Financial Economics*, 49(3), 307-343.

Barroso, P., & Santa-Clara, P. (2015). Momentum has its moments. *Journal of Financial Economics*, 116(1), 111-120.

Barroso, P., & Detzel, A. (2021). Do limits to arbitrage explain the benefits of volatility-managed portfolios?. *Journal of Financial Economics*, 140(3), 744-767.

Beaver, W. H., Clarke, R., & Wright, W. F. (1979). The association between unsystematic security returns and the magnitude of earnings forecast errors. *Journal of Accounting Research*, 316-340.

Bhattacharya, U., & Daouk, H. (2002). The world price of insider trading. *The Journal of Finance*, 57(1), 75-108.

Biais, B., & Bossaerts, P. (1998). Asset prices and trading volume in a beauty contest. *The Review of Economic Studies*, 65(2), 307-340.

Biais, B., Glosten, L., & Spatt, C. (2005). Market microstructure: A survey of microfoundations, empirical results, and policy implications. *Journal of Financial Markets*, 8(2), 217-264.

Blau, B. M., DeLisle, R. J., & Whitby, R. J. (2020). Does probability weighting drive lottery preferences?. *Journal of Behavioral Finance*, 21(3), 233-247.

Bleck, A., & Liu, X., (2007). Market transparency and the accounting regime. *J. Account. Res*, 45(2), 229-256.

Brav, A., & Gompers, P. A. (1997). Myth or reality? The long-run underperformance of initial public offerings: Evidence from venture and nonventure capital-backed companies. *The Journal of Finance*, 52(5), 1791-1821.

Brennan, M., Huh, S., & Subrahmanyam, A. (2015). High-frequency measures of information risk. Unpublished working paper.

Brockman, P., Chung, D. Y., & Pérignon, C. (2009). Commonality in liquidity: A global perspective. *Journal of Financial and Quantitative Analysis*, 44(4), 851-882.

Brunnermeier, M. K., & L. H. Pedersen (2009). Market Liquidity and Funding Liquidity. *Review of Financial Studies*, 22, 2201-2238.

Brown, G. W., & Cliff, M. T. (2005). Investor sentiment and asset valuation. *The Journal of Business*, 78(2), 405-440.

Brockman, P., & Chung, D. Y. (2002). Commonality in liquidity: Evidence from an order-driven market structure. *Journal of Financial Research*, 25(4), 521-539.

Bushman, R. M., Piotroski, J. D., & Smith, A. J. (2005). Insider trading restrictions and analysts' incentives to follow firms. *The Journal of Finance*, 60(1), 35-66.

Byun, S. J., Goh, J., & Kim, D. H. (2020). The role of psychological barriers in lottery-related anomalies. *Journal of Banking & Finance*, 114, 105786.

Cai, B. M., Cai, C. X., & Keasey, K. (2006). Which trades move prices in emerging markets?: Evidence from China's stock market. *Pacific-Basin Finance Journal*, 14(5), 453-466.

Cakici, N., & Zaremba, A. (2022). Salience theory and the cross-section of stock returns: International and further evidence. *Journal of Financial Economics*, 146(2), 689-725.

Campbell, J. Y., & Cochrane, J. H. (1999). By force of habit: A consumption-based explanation of aggregate stock market behavior. *Journal of Political Economy*, 107(2), 205-251.

Campbell, J. Y., & Shiller, R. J. (1988). The dividend-price ratio and expectations of future dividends and discount factors. *The Review of Financial Studies*, 1(3), 195-228.

Cao, H. H., Coval, J. D., & Hirshleifer, D. (2002). Sidelined investors, trading-generated news, and security returns. *The Review of Financial Studies*, 15(2), 615-648.

Chan, Y. C., & Cheng, L. T. (2009). Price reversals versus price continuations: the transitory price effects of futures trading extension on the underlying stock market. *Review of Quantitative Finance and Accounting*, 33(2), 159-176.

Chan, K., Hameed, A., & Kang, W. (2013). Stock price synchronicity and liquidity. *Journal of Financial Markets*, 16(3), 414-438.

Chan, K., & Hameed, A. (2006). Stock price synchronicity and analyst coverage in emerging markets. *Journal of Financial Economics*, 80(1), 115-147.

Chan, K., & Chan, Y. C. (2014). Price informativeness and stock return synchronicity: Evidence from the pricing of seasoned equity offerings. *Journal of Financial Economics*, 114(1), 36-53.

Chan, K. C., & Chen, N. F. (1991). Structural and return characteristics of small and large firms. *The Journal of Finance*, 46(4), 1467-1484.

Chan, P. T., & Walter, T. (2014). Investment performance of "environmentally-friendly" firms and their initial public offers and seasoned equity offers. *Journal of Banking & Finance*, 44, 177-188.

Chen, G., Firth, M., & Kim, J. B. (2002). The use of accounting information for the valuation of dual-class shares listed on China's stock markets. *Accounting and Business Research*, 32(3), 123-131.

Chen, Q., Goldstein, I., & Jiang, W. (2007). Price informativeness and investment sensitivity to stock price. *The Review of Financial Studies*, 20(3), 619-650.

Chevalier, J., & Ellison, G. (1999). Are some mutual fund managers better than others? Cross-sectional patterns in behavior and performance. *The Journal of Finance*, 54(3), 875-899.

Chiah, M., D. Chai, A. Zhong, & S. Li. (2016). A better model? An empirical investigation of the Fama-French five factor model in Australia. *International Review of Finance*, 16, 595-638.

Chordia, T., Roll, R., & Subrahmanyam, A. (2000). Commonality in liquidity. *Journal of Financial Economics*, 56(1), 3-28.

Chui, A. C., & Kwok, C. C. (1998). Cross-autocorrelation between A shares and B shares in the Chinese stock market. *Journal of Financial Research*, 21(3), 333-353.

Chui, A. C., Titman, S., & Wei, K. J. (2010). Individualism and momentum around the world. *The Journal of Finance*, 65(1), 361-392.

Cohen, L., Malloy, C., & Pomorski, L. (2012). Decoding inside information. *The Journal of Finance*, 67(3), 1009-1043.

Collin-Dufresne, P., & Fos, V. (2015). Do prices reveal the presence of informed trading?. *The Journal of Finance*, 70(4), 1555-1582.

Cooper, M. J., Gutierrez Jr, R. C., & Hameed, A. (2004). Market states and momentum. *The Journal of Finance*, 59(3), 1345-1365.

Corwin, S. A., & Lipson, M. L. (2011). Order characteristics and the sources of commonality in prices and liquidity. *Journal of Financial Markets*, 14 (1), 47-81

Cumming, D., Fleming, G., & Schwienbacher, A. (2009). Style drift in private equity. *Journal of Business Finance & Accounting*, 36(5-6), 645-678.

De Bondt, W. F., & Thaler, R. H. (1995). Financial decision-making in markets and firms: A behavioral perspective. *Handbooks in Operations Research and Management Science*, 9, 385-410.

Daniel, K., Hirshleifer, D., & Subrahmanyam, A. (1998). Investor psychology and security market under-and overreactions. *The Journal of Finance*, 53(6), 1839-1885.

Daniel, K., & Titman, S. (1999). Market efficiency in an irrational world. *Financial Analysts Journal*, 55(6), 28-40.

Daniel, K., Titman, S., & Wei, K. J. (2001). Explaining the cross-section of stock returns in Japan: factors or characteristics ?. *The Journal of Finance*, 56(2), 743-766.

Daniel, K., & Moskowitz, T. J. (2016). Momentum crashes. *Journal of Financial Economics*, 122(2), 221-247.

Dasgupta, S., Gan, J., & Gao, N. (2010). Transparency, price informativeness, and stock return synchronicity: Theory and evidence. *Journal of Financial and Quantitative Analysis*, 45(5), 1189-1220.

Davis, A. K., Guenther, D. A., Krull, L. K., & Williams, B. M. (2016). Do socially responsible firms pay more taxes?. *The Accounting Review*, 91(1), 47-68.

De Bondt, W. F., & Thaler, R. H. (1987). Further evidence on investor overreaction and stock market seasonality. *The Journal of Finance*, 42(3), 557-581.

Diamond, D. W., & Verrecchia, R. E. (1987). Constraints on short-selling and asset price adjustment to private information. *Journal of Financial Economics*, 18(2), 277-311.

Diether, K. B., Malloy, C. J., & Scherbina, A. (2002). Differences of opinion and the cross section of stock returns. *The Journal of Finance*, 57(5), 2113-2141.

Docherty, P., & Hurst, G. (2018). Investor myopia and the momentum premium across international equity markets. *Journal of Financial and Quantitative Analysis*, 53(6), 2465-2490.

Domowitz, I., Hansch, O., & Wang, X. (2005). Liquidity commonality and return co-movement. *Journal of Financial Markets*, 8(4), 351-376.

Doran, J. S., Jiang, D., & Peterson, D. R. (2012). Gambling preference and the new year effect of assets with lottery features. *Review of Finance*, 16(3), 685-731.

Dufour, A., & Engle, R. F. (2000). Time and the price impact of a trade. *The Journal of Finance*, 55(6), 2467-2498.

Drew, M. E., Naughton, T., & Veeraraghavan, M. (2004). Is idiosyncratic volatility priced?: Evidence from the Shanghai Stock Exchange. *International Review of Financial Analysis*, 13(3), 349-366.

Drew, M. E., Marsden, A., & Veeraraghavan, M. (2007). Does idiosyncratic volatility matter? New Zealand evidence. *Review of Pacific Basin Financial Markets and Policies*, 10(03), 289-308.

Duarte, J., Han, X., Harford, J., & Young, L. (2008). Information asymmetry, information dissemination and the effect of regulation FD on the cost of capital. *Journal of Financial Economics*, 87(1), 24-44.

Duarte, J., Hu, E., & Young, L. (2017). *Does the PIN Model Mis-identify Private Information and if so, what are Our Alternatives*. Working paper

Durnev, A., Morck, R., Yeung, B. (2004). Value-enhancing capital budgeting and firm-specific stock returns variation. *Journal of Finance*, 25, 65-105.

Dutt, T., & Humphery-Jenner, M. (2013). Stock return volatility, operating performance and stock returns: International evidence on drivers of the 'low volatility' anomaly. *Journal of Banking & Finance*, 37(3), 999-1017.

Easley, D., & O'hara, M. (1987). Price, trade size, and information in securities markets. *Journal of Financial Economics*, 19(1), 69-90.

Easley, D., Kiefer, N. M., O'hara, M., & Paperman, J. B. (1996). Liquidity, information, and infrequently traded stocks. *The Journal of Finance*, 51(4), 1405-1436.

Easley, D., Hvidkjaer, S., & O'hara, M. (2002). Is information risk a determinant of asset returns?. *The Journal of Finance*, 57(5), 2185-2221.

Eckbo, B. E., Masulis, R. W., & Norli, Ø. (2000). Seasoned public offerings: Resolution of the 'new issues puzzle'. *Journal of Financial Economics*, 56(2), 251-291.

Eleswarapu, V. R., & Reinganum, M. R. (1993). The seasonal behavior of the liquidity premium in asset pricing. *Journal of Financial Economics*, 34(3), 373-386.

Engle, R. F., & Patton, A. J. (2004). Impacts of trades in an error-correction model of quote prices. *Journal of Financial Markets*, 7(1), 1-25.

Fama, E. F. (1991). Efficient capital markets: II. *The Journal of Finance*, 46(5), 1575-1617.

Fama, E. F. (1998). Market efficiency, long-term returns, and behavioral finance. *Journal of Financial Economics*, 49(3), 283-306.

Fama, E. F., & K. R. French (2015). A five-factor asset pricing model. *Journal of Financial Economics*, 116, 1-22.

Fama, E. F., & K. R. French (2017). International tests of a five-factor asset pricing model. *Journal of Financial Economics*, 123, 441-463.

Fama, E. F., & K. R. French (2018). Choosing factors. *Journal of Financial Economics*, 128, 234-252.

Fernandes, N., & Ferreira, M. A. (2009). Insider trading laws and stock price informativeness. *The Review of Financial Studies*, 22(5), 1845-1887.

Firth, M., Lin, C., Liu, P., & Xuan, Y. (2013). The client is king: do mutual fund relationships bias analyst recommendations?. *J. Account. Res*, 51 (1), 165-200.

Fong, W. M., & Toh, B. (2014). Investor sentiment and the MAX effect. *Journal of Banking & Finance*, 46, 190-201.

Foster, F. D., & Viswanathan, S. (1994). Strategic trading with asymmetrically informed traders and long-lived information. *Journal of Financial and Quantitative Analysis*, 29(4), 499-518.

Fu, F. (2009). Idiosyncratic risk and the cross-section of expected stock returns. *Journal of Financial Economics*, 91(1), 24-37.

Gao Bakshi, X., & Lin, T. C. (2011). *Do Individual Investors Trade Stocks as Gambling? Evidence from Repeated Natural Experiments*. Evidence from Repeated Natural Experiments (August 20, 2011).

Grinblatt, M., & Keloharju, M. (2001). What makes investors trade?. *The Journal of Finance*, 56(2), 589-616.

Glosten, L. R., & Milgrom, P. R. (1985). Bid, ask and transaction prices in a specialist market with heterogeneously informed traders. *Journal of Financial Economics*, 14(1), 71-

100.

Glosten, L. R. (1994). Is the electronic open limit order book inevitable?. *The Journal of Finance*, 49(4), 1127-1161.

Gomes, A. (2000). Going public without governance: Managerial reputation effects. *The Journal of Finance*, 55(2), 615-646.

Goyal, A., & Santa-Clara, P. (2003). Idiosyncratic risk matters!. *The Journal of Finance*, 58(3), 975-1007.

Griffin, J. M. (2002). Are the Fama and French factors global or country specific? *The Review of Financial Studies*, 15(3), 783-803.

Grossman, S. J., & Stiglitz, J. E. (1980). On the impossibility of informationally efficient markets. *The American Economic Review*, 70(3), 393-408.

Grundy, B. D., & Martin, J. S. M. (2001). Understanding the nature of the risks and the source of the rewards to momentum investing. *The Review of Financial Studies*, 14(1), 29-78.

Gu, Z., Li, Z., & Yang, Y. (2013). Monitors or predators: the influence of institutional investors on sell-side analysts. *Account. Rev*, 88 (1), 137-169.

Gul, F. A., Kim, J. B., & Qiu, A. A. (2010). Ownership concentration, foreign shareholding, audit quality, and stock price synchronicity: Evidence from China. *Journal of Financial Economics*, 95(3), 425-442.

Hanauer, M. (2014). Is Japan different? Evidence on momentum and market dynamics. *International Review of Finance*, 14(1), 141-160.

Hanauer, M. X., & Windmüller, S. (2023). Enhanced momentum strategies. *Journal of Banking & Finance*, 148, 8.

Handa, P., & Schwartz, R. A. (1996). Limit order trading. *The Journal of Finance*, 51(5), 1835-1861.

Handa, P., Schwartz, R., & Tiwari, A. (2003). Quote setting and price formation in an order driven market. *Journal of Financial Markets*, 6(4), 461-489.

Harris, L. (2003). *Trading and Exchanges*, NY: Oxford University Press.

Hasan, I., Song, L., & Wachtel, P. (2014). Institutional development and stock price synchronicity: Evidence from China. *Journal of Comparative Economics*, 42(1), 92-108.

Hasbrouck, J. (1988). Trades, quotes, inventories, and information. *Journal of Financial Economics*, 22(2), 229-252.

Hasbrouck, J., & Seppi, D. J. (2001). Common factors in prices, order flows, and liquidity. *Journal of Financial Economics*, 59(3), 383-411.

Hong, H., & Stein, J. C. (1999). A unified theory of underreaction, momentum trading, and overreaction in asset markets. *The Journal of Finance*, 54(6), 2143-2184.

Huang, D. (2006). Market states and international momentum strategies. *The Quarterly Review of Economics and Finance*, 46(3), 437-446.

Huberman, G., & Kandel, S. (1987). Mean-variance spanning. *Journal of Finance*, 42, 873-888.

Hung, P. H., & Lien, D. (2019). Trading aggressiveness, order execution quality, and stock price movements: Evidence from the Taiwan stock exchange. *Journal of International Financial Markets, Institutions and Money*, 60, 231-251.

Hung, P. H. (2016). Investor sentiment, order submission, and investment performance on the Taiwan Stock Exchange. *Pacific-Basin Finance Journal*, 39, 124-140.

Hutton, A. P., Marcus, A. J., & Tehranian, H. (2009). Opaque financial reports, R2, and crash risk. *J. Financ. Econ*, 94 (1), 67-86

Jacobs, H. (2016). Market maturity and mispricing. *Journal of Financial Economics*, 122(2), 270-287.

Jegadeesh, N., & Titman, S. (1993). Returns to buying winners and selling losers: Implications for stock market efficiency. *The Journal of Finance*, 48(1), 65-91.

Jiang, G., Lee, C. M., & Zhang, Y. (2005). Information uncertainty and expected returns. *Review of Accounting Studies*, 10, 185-221.

Jin, L., & Myers, C. S. (2006). R2 around the world: new theory and new tests. *J. Financ. Econ*, 79 (2), 257-292.

Johnson, T. C. (2002). Rational momentum effects. *The Journal of Finance*, 57(2), 585-608.

Kamara, A., X. Lou, & R. Sadka (2008), The Divergence of Liquidity Commonality in the Cross-section of Stocks. *Journal of Financial Economics*, 89, 444-466.

Kandel, E., & Pearson, N. D. (1995). Differential interpretation of public signals and trade in speculative markets. *Journal of Political Economy*, 103(4), 831-872.

Keim, D., & Madhavan, A. (1996). The upstairs market for large-block transactions: Analysis and measurement of price effects. *Review of Financial Studies*, 9, 1-36.

Kelly, P. (2005). *Information Efficiency and Firm-specific Return Variation*. Working paper, Arizona State University, Tempe, AZ.

Kempf, A., & Mayston, D. (2008). Liquidity commonality beyond best prices. *Journal of Financial Research*, 31(1), 25-40.

Khanna, T., & Thomas, C. (2009). Synchronicity and firm interlocks in an emerging market. *Journal of Financial Economics*, 92(2), 182-204.

Kim, J. B., & Shi, H. (2012). IFRS reporting, firm-specific information flows, and institutional environments: International evidence. *Review of Accounting Studies*, 17, 474-517.

Kim, S. T., & Stoll, H. R. (2014). Are trading imbalances indicative of private information?. *Journal of Financial Markets*, 20, 151-174.

Kraus, A., & Stoll, H. R. (1972). Price impacts of block trading on the New York Stock Exchange. *The Journal of Finance*, 27(3), 569-588.

Kubota, K., & H. Takehara. (2018). Does the Fama and French five-factor model work well in Japan?. *International Review of Finance*, 18, 137-146.

Kumar, A., Page, J. K., & Spalt, O. G. (2016). Gambling and comovement. *Journal of Financial and Quantitative Analysis*, 51(1), 85-111.

Kuo, W. Y., & Lin, T. C. (2013). Overconfident individual day traders: Evidence from the Taiwan futures market. *Journal of Banking & Finance*, 37(9), 3548-3561.

Kyle, A. S. (1985). Continuous auctions and insider trading. Econometrica, *Journal of the Econometric Society*, 1315-1335.

Lakonishok, J., & Smidt, S. (1986). Volume for winners and losers: Taxation and other motives for stock trading. *The Journal of Finance*, 41(4), 951-974.

Lakonishok, J., & Lee, I. (2001). Are insider trades informative?. *The Review of Financial Studies*, 14(1), 79-111.

Lee, J. H., Lin, S. Y., Lee, W. C., & Tsao, C. Y. (2006). Common factors in liquidity: Evidence from Taiwan's OTC stock market. *International Review of Financial Analysis*, 15(4-5), 306-327.

Lee, C. M., & Ready, M. J. (1991). Inferring trade direction from intraday data. *The Journal of Finance*, 46(2), 733-746.

Lei, Q., & Wu, G. (2005). Time-varying informed and uninformed trading activities. *Journal of Financial Markets*, 8(2), 153-181.

L'Her, J.-F., T. Masmoudi, & J.-M. Suret. (2004). Evidence to support the four-factor pricing model from the Canadian stock market. *Journal of International Financial Markets, Institutions and Money*, 14(4), 313-328.

Li, K., Morck, R., Yang, F., & Yeung, B. (2004). Firm-specific variation and openness in emerging markets. *The Review of Economics and Statistics*, 86, 658-669

Lins, K. V. (2003). Equity ownership and firm value in emerging markets. *Journal of*

Financial and Quantitative Analysis, 38(1), 159-184.

Liu, H. (2014). Solvency constraint, underdiversification, and idiosyncratic risks. *Journal of Financial and Quantitative Analysis*, 49(2), 409-430.

Loannou, I., & Serafeim, G.(2015).The Impact of Corporate Social Responsibility on Investment Recommendations: Analysts' Perceptions and Shifting Institutional Logics. *Strategic Management Journal*, 36(7), 1053-1081.

Lo, A. W., & Wang, J. (2000). Trading volume: definitions, data analysis, and implications of portfolio theory. *The Review of Financial Studies*, 13(2), 257-300.

Loughran, T., & J. R. Ritter (1995). The New Issues Puzzle. *Journal of Finance*, 50, 23-51.

Madhavan, A. (2000). Market microstructure: A survey. *Journal of Financial Markets*, 3(3), 205-258.

Malkiel, B., & Xu, Y. (2002). *Idiosyncratic Risk and Security Returns*. Unpublished working paper. University of Texas at Dallas.

Mitchell, M. L., & Stafford, E. (2000). Managerial decisions and long-term stock price performance. *The Journal of Business*, 73(3), 287-329.

Mitton, T. (2002). A cross-firm analysis of the impact of corporate governance on the East Asian financial crisis. *Journal of Financial Economics*, 64(2), 215-241.

Mitton, T., & Vorkink, K. (2007). Equilibrium underdiversification and the preference for skewness. *The Review of Financial Studies*, 20(4), 1255-1288.

Morck, R., Yeung, B., & Yu, W. (2000). The information content of stock markets: Why do emerging markets have synchronous price movements?. *Journal of Financial Economics*, 58(1/2), 215-260.

Nagel, S. (2005). Short sales, institutional investors and the cross-section of stock returns. *Journal of Financial Economics*, 78(2), 277-309.

Narayan, P. K., Zhang, Z., & Zheng, X. (2015). Some hypotheses on commonality in liquidity: new evidence from the Chinese stock market. *Emerging Markets Finance and Trade*, 51(5), 915-944.

Odean, T. (1998). Are investors reluctant to realize their losses?. *The Journal of Finance*, 53(5), 1775-1798.

Odean, T. (1999). Do investors trade too much?. *American Economic Review*, 89(5), 1279-1298.

Ofek, E., & Richardson, M. (2003). Dotcom mania: The rise and fall of internet stock prices. *The Journal of Finance*, 58(3), 1113-1137.

Pan, N., & Zhu, H. (2015). Block trading, information asymmetry, and the informativeness of trading: Evidence from Chinese security markets. *China Financial Review*, 5, 215-235.

Piotroski, J. D., & Roulstone, D. T. (2004). The influence of analysts, institutional investors, and insiders on the incorporation of market, industry, and firm-specific information into stock prices. *The Accounting Review*, 79(4), 1119-1151.

Pukthuanthong-Le, K., & Visaltanachoti, N. (2009). Commonality in liquidity: Evidence from the stock exchange of Thailand. *Pacific-Basin Finance Journal*, 17(1), 80-99.

Reinganum, M. R. (1981). Misspecification of capital asset pricing: Empirical anomalies based on earnings' yields and market values. *Journal of Financial Economics*, 9(1), 19-46.

Ritter, J. R. (1991). The Long-Run Performance of Initial Public Offerings. *Journal of Finance*, 46, 3-27.

Roll, R. (1988). R-squared. *Journal of Finance*, 43(2), 541-566.

Sagi, J. S., & Seasholes, M. S. (2007). Firm-specific attributes and the cross-section of momentum. *Journal of Financial Economics*, 84(2), 389-434.

Schwert, G. W. (2003). Anomalies and market efficiency. *Handbook of the Economics of Finance*, 1, 939-974.

Shleifer, A., & Vishny, R. W. (1986). Large shareholders and corporate control. *Journal of Political Economy*, 94(3, Part 1), 461-488.

Shleifer, A., & Vishny, R. W. (1997). The limits of arbitrage. *The Journal of Finance*, 52(1), 35-55.

Spiess, K. D., & J. Affleck-Graves. (1999). The Long-Run Performance of Stock Returns Following Debt Offerings. *Journal of Financial Economics*, 54, 45-73.

Stambaugh, R. F., Yu, J., & Yuan, Y. (2012). The short of it: Investor sentiment and anomalies. *Journal of Financial Economics*, 104(2), 288-302.

Stambaugh, R. F., Yu, J., & Yuan, Y. (2015). Arbitrage asymmetry and the idiosyncratic volatility puzzle. *The Journal of Finance*, 70(5), 1903-1948.

Stickel, S. E., & Verrecchia, R. E. (1994). Evidence that trading volume sustains stock price changes. *Financial Analysts Journal*, 57-67.

Sujoto, C., Kalev, P. S., & Faff, R. W. (2005). An examination of commonality in liquidity: new evidence, long-run effects and non-linearities. In *Department of Accounting and Finance*. Monash University working paper.

Thaler, R. H. (2016). Misbehaving: *The Making of Behavioural Economics*. Penguin publishing, England London.

Titman, S., John Wei, K.C., & Xie, F., (2013). Market development and the asset growth effect: international evidence. *J. Financ. Quant. Anal*, 48 (5), 1405-1432.

Vega, C. (2006). Stock price reaction to public and private information. *Journal of Financial Economics*, 82(1), 103-133.

Verheyden, T., Eccles, R. G., & Feiner, A. (2016). ESG for all? The impact of ESG screening on return, risk, and diversification. *Journal of Applied Corporate Finance*, 28(2), 47-55.

Vuolteenaho, T. (2002). What drives firm-level stock returns?. *The Journal of Finance*, 57(1), 233-264.

Wang, F., & Yan, X. S. (2021). Downside risk and the performance of volatility-managed portfolios. *Journal of Banking & Finance*, 131, 106198.

Wen, W., & Song, J. (2017). Can returnee managers promote CSR performance? Evidence from China. *Frontiers of Business Research in China*, 11(1), 1-26.

West, K. D. (1988). Dividend innovations and stock price volatility. *Econometrica*, 56(1), 37-61.

Watanabe, A., Xu, Y., Yao, T., & Yu, T. (2013). The asset growth effect: Insights from international equity markets. *Journal of Financial Economics*, 108(2), 529-563.

Wurgler, J. (2000). Financial markets and the allocation of capital. *Journal of Financial Economics*, 58(1-2), 187-214.

Xiao, X., & Yamamoto, R. (2020). Price discovery, order submission, and tick size during preopen period. *Pacific-Basin Finance Journal*, 63, 101428.

Zhang, X. F. (2006). Information uncertainty and stock returns. *The Journal of Finance*, 61(1), 105-137.

Zheng, X., & Zhang, Z. (2006). *Commonality in Liquidity in Emerging Markets: Evidence from the Chinese Stock Market*. Working paper.

Zhu, W. (2016). Accruals and price crashes. *Review of Accounting Studies*, 21, 349-399.

二、中文部分

闕河士、陳俊成 (2005)。買賣價差會影響投資人的持有期間與股票報酬率嗎？*中山管理評論*，13(4)，791-810。

財經中心／綜合報導，「婦買 10 張台積電股票！24 年後帳戶驚人 (https://www.setn.com/News.aspx?NewsID=883312)」，2021/01/17。

〔有關股票投資的課程計畫〕

讀完本書後再調查一下本人的資訊，也許您已發現，本人早在二十多年前便是知名的股市作家與操盤經理人，二十多年歲月迢迢，我也從民間企業的經理人，轉從專科學校講師、博士、高教體系大學助理教授、副教授、財金系主任、教授成長到商學院院長，而二十多年前所寫的《套利遊戲》第三版，一直在二手書市以 1,000 元以上的售價，持續長期地求售中。因此，您若是有十足的想法，希望能夠好好地學會扎實的投資能力，無論是極短期的高頻交易、當日沖銷、放空交易、套利、動能投資、結構量規劃，本書擬寫尚未完成的第七章〈購併交易投資〉等，在有限的時間與體能下，歡迎您透過我的臉書、電子信箱或其他管道（如大學推廣教育系統）來與我聯繫。

然而這種教學便如本書序言所述，我堅持以這本書的六個章節與企業購併，或是正在全面改寫中的《套利遊戲》作為教學的藍本，即便是 K 線那種皮毛教學，也必然是要從這些學理上的嚴謹內涵為出發點，如果您不相信唯有這些清楚嚴謹的邏輯，才能保證您成為股神，年平均報酬率至少在 40% 以上（初學者大約20%），那就不用試圖來找我、要求我幫您上課了。顯然我長期以來不願意對外招生的原因之一，便是我不太想接觸只想問明牌，或是只想拿技術線型圖來請教未來走勢的人，這樣的詐騙者太多了，誠意不夠，何況若您是這類登徒子，您應該去參加股友社等投資顧問公司，因為他們會給您滿意的答覆。

換句話說，嚴謹的邏輯訓練才能幫助您在股票市場上成為真正的操盤大師，您需要的是面對不同的情境時，該如何布局持股，這就像下圍棋或打橋牌一樣，交易之學就是如何取捨之學，答覆您股價走勢或 K 線技術圖分析是極其無聊之事，因為只要能夠學會如何取捨，任何走向、不管賺賠，您都有機會在最後以獲利平

倉出場。

　　本人的課程即便是取材自本書的章節，仍會隨著學界新討論的投資交易課題，進行引入並且讓大家及早得知，所以我們的課程應該是一個持續不斷的博士及進修課程，但我當然不會教您複雜的數學或難懂的邏輯推理，我們是以學理搭配 K 線來講技術面上的策略運用。

　　在課程的設計上，本人仍是傾向一個月四週一期的教學模式，除了讓臨時有事的朋友可以暫停退出外，若您真覺得不合適，我們也不強留您一定要長期學習。財神廟總歸是開設了，要不要來求財，是您自己的事，所以我也不便批評存股或 ETF 投資的對錯，那都是您自己的考量。我只能告訴您，我就是這樣累積財富的。而開課計畫是以實體課堂教學為主，若沒有在課堂上認識，我是不會將您帶入我的群組之中，這樣也避免常見的運用名人所進行的群組詐騙。

　　我的臉書有兩個，一個是 Ruffin Wang，一個是 Wang Mu Shun，粉絲專頁為「股市交易寶典讀書會」，感謝五南圖書出版社副總編輯張毓芬、王俐文與編輯們的協助，本書在建議下改名成《股票投資原理與實作》，因此暫訂為股市交易寶典系列叢書之第一本，但本書整整增改寫了十年之久，其他擬訂中的三本書：《套利遊戲》第四版、《趨勢理財》第二版與《讓錢賺錢》第二版，在公務繁忙下，並不清楚何時會完成。不過我還有政治經濟思想方面的書籍待投入撰寫，計畫可以在幾年之內將這幾本書都付梓完成。大量採購本書與來上課學習，是對我最大的鼓勵，相信並跟隨我的私淑弟子都在十多年以上，這條學習的道路是正確的。

國家圖書館出版品預行編目資料

股票投資原理與實作／王睦舜著. ——初
版. ——臺北市：五南圖書出版股份有限公
司, 2024.06
面；　公分
ISBN 978-626-393-319-4（平裝）

1.CST: 證券投資　2.CST: 股票股資

563.53　　　　　　　　　113005851

1N2H
股票投資原理與實作

作　　　者 — 王睦舜

責任編輯 — 唐　筠

文字校對 — 許馨尹、黃志誠

封面設計 — 俞筱華

發 行 人 — 楊榮川

總 經 理 — 楊士清

總 編 輯 — 楊秀麗

副總編輯 — 張毓芬

出 版 者 — 五南圖書出版股份有限公司

地　　　址：106台北市大安區和平東路二段339號4樓

電　　　話：(02)2705-5066　　傳　　　真：(02)2706-6100

網　　　址：https://www.wunan.com.tw

電子郵件：wunan@wunan.com.tw

劃撥帳號：01068953

戶　　　名：五南圖書出版股份有限公司

法律顧問　林勝安律師

出版日期　2024 年 6 月初版一刷

定　　　價　新臺幣450元

經典永恆·名著常在

五十週年的獻禮——經典名著文庫

五南，五十年了，半個世紀，人生旅程的一大半，走過來了。
思索著，邁向百年的未來歷程，能為知識界、文化學術界作些什麼？
在速食文化的生態下，有什麼值得讓人雋永品味的？

歷代經典·當今名著，經過時間的洗禮，千錘百鍊，流傳至今，光芒耀人；
不僅使我們能領悟前人的智慧，同時也增深加廣我們思考的深度與視野。
我們決心投入巨資，有計畫的系統梳選，成立「經典名著文庫」，
希望收入古今中外思想性的、充滿睿智與獨見的經典、名著。
這是一項理想性的、永續性的巨大出版工程。
不在意讀者的眾寡，只考慮它的學術價值，力求完整展現先哲思想的軌跡；
為知識界開啟一片智慧之窗，營造一座百花綻放的世界文明公園，
任君遨遊、取菁吸蜜、嘉惠學子！